似与不似之间

回忆梅兰芳

齐如山　许姬传　等著

中国文史出版社

百年中国记忆·文化大家

主　　编：　刘未鸣　韩淑芳

执行主编：　张春霞

编　　辑：　（以姓氏笔画为序）

卜伟欣　牛梦岳　李军政　李晓薇

赵姣娇　高　贝　徐玉霞

梅兰芳晚年照片

梅兰芳（左）和他的开蒙老师吴菱仙

11岁的梅兰芳双影照

梅兰芳《穆柯寨》剧照

梅兰芳1935年演出的《生死恨》

梅兰《芳黛玉葬花》剧照

梅兰芳、程砚秋、尚小云《西厢记》剧照

梅兰芳、尚小云、程砚秋《虹霓关》

梅兰芳《贵妃醉酒》剧照

梅兰芳赴美国演出《刺虎》剧照

梅兰芳《生死恨》剧照 (2)

梅兰芳《抗金兵》剧照

梅兰芳《打渔杀家》剧照

梅兰芳《生死恨》剧照

梅兰芳《思凡》剧照2

梅兰芳《思凡》剧照1

梅兰芳《天女散画》剧照

梅兰芳年轻时照片

梅兰芳和夫人福芝芳

梅兰芳晚年在护国寺住所练功照

梅兰芳与家人弟子合影

梅兰芳与齐白石

梅兰芳与齐白石(2)

梅兰芳与卓别林

梅兰芳在绘画

梅兰芳在美演出期间留影

梅兰芳在美国1

梅兰芳在美国2

梅兰芳在美国3

梅兰芳在美国与国际友人

CONTENTS 目 录

第一辑 众人谈梅录：似与不似之间

第二辑　梅兰芳游美记：他山得共鸣

附录　梅兰芳自述：不抄近路，就是我幼年学艺的窍门

第一辑

众人谈梅录：似与不似之间

梅兰芳在崇文区的生活

刘嵩崑

京剧大师梅兰芳的故居，一般均指西城区护国寺街甲1号，实际这仅是梅兰芳晚年的寓所，该处原为晚清庆王府的马厩，民国时曾为禁烟总局办事机构，后一度成为军人住宅。此院共有房37间，新中国成立初曾作为招待所。1951年，梅兰芳由上海迁回北京，任中国戏曲研究院院长。周恩来总理拟让梅氏全家迁回无量大人胡同（今东城区红星胡同）旧居。该宅第为秀丽纤巧的七进院落打通的豪华大宅，建有花园、假山、游廊、荷花池、洋楼等。诗人李释戡为梅兰芳的书斋起名“缀玉轩”，自1923年至1932年冬，梅兰芳一直住此，该处是梅氏一生最好的寓所，后因时局关系举家南迁，1943年将此寓所变卖，以维持生计。梅兰芳当即婉言谢绝了周总理的美意，言道：“那所宅子我早已卖掉，今天我不能借共产党的力量再把它收回来，请政府随便给我安排一处住所吧。”最后定居护国寺寓所，直至1961年8月8日病逝，梅兰芳在此居住整10年。1984年，被列为北京市文物保护单位，邓小平题写的“梅兰芳纪念馆”匾额，悬挂大门外横楣上方。

梅兰芳在京城内，除西城区、东城区的寓所外，在宣武区、崇文区亦有他的故居。清光绪二十年（1894）阴历甲午年九月廿四日，梅兰芳诞生于宣南李铁拐斜街45号（今铁树斜街101号）。该寓所为其祖父梅巧玲（1842—1882）购置，是一所普通的四合院落。原宅院外沿街建有高墙，高大的门楼与宅门相对，倒座南房三间半，半间辟为门道，迎门为雕砖影壁，原两厢房南山墙间为木隔墙，中为月亮门，东、西厢房各为两间，北房为上“四破五”带前廊，光绪八年（1882）梅巧玲病故北屋。梅兰芳之父梅竹芬（1872—1897），因患大头瘟亦故于此宅，梅兰芳时年仅三岁。1900年庚子时随祖母陈氏和伯父雨田迁居百顺胡同租赁房，时年六岁，曾就读于附近的万佛寺湾（今万福巷）私塾馆。九岁从蒙师吴菱仙学戏，11岁首次登台于广和楼，客串昆曲《长生殿·鹊桥密誓》织女，此为戏中戏。

1907年，举家由宣武区迁至崇文区居住，梅兰芳时年13岁。先后在该区居住有四处之多，是梅兰芳于京城住处最多的一区。首先迁入的住所是位于珠市口东大街北桥湾道北的北芦草园，此时梅家的经济状况正处于最窘迫的时期，故该住所是梅兰芳一生居住最窄小简陋的一处。就在迁入此宅的当年，他带艺搭喜（富）连成社借台演戏，虽拿到的仅是一点点心钱，但心理上觉得自己已开始挣钱了，当第一次把钱双手捧给母亲时，母子俩的兴奋心情是可想而知的，快慰之心使慈母激动地滴下了热泪。孰料第二年的阴历七月十八日，其母杨长玉病故于这所房内，享年仅32岁。

1909年，15岁的梅兰芳已是失去双亲的孤儿，这年又随祖母和伯父迁至南桥湾东侧的鞭子巷头条一所小四合院内（2001年因扩建两广大街该巷已不存）。16岁时因变声“倒仓”离开了喜连成社停止演唱。不满一年嗓音恢复后，正式搭玉成班演出，有了固定收入。此时孝服已满，于此宅与前室王明华（名老生王少楼之姑母）结婚，次年其子大永出生。

1912年，梅兰芳18岁时，全家又移居鞭子巷三条（今锦绣三条26号，现为天坛派出所）。这是一所普通的小四合院，寓所原坐北朝南（现从南房西侧开门通往前院办公室），该院北房为上，共五间，左首两间为其祖母卧室，右首两间为其伯父、伯母居住。因其祖母喜欢看经念佛，故当中一间辟为佛堂。院落内东、西厢房各为三间，梅氏夫妇住西房，东屋为厨房。南屋三间为倒座房，两间为客厅，一间是书房。其伯父梅雨田是著名的琴师，长期辅佐谭鑫培，曾被选入升平署进宫承差，凡场面乐器无一不精，常于客厅接待前来讨教京昆音乐问题之人，并于此课徒传艺。迁居此宅不久，其伯父便将银钱来往、日常度用的账本交付与他，自此梅兰芳便开始掌管此家。梅雨田于秋季病故此院，享年43岁。该年，梅兰芳得谭鑫培提携，于天乐园（华乐园前身）首次与谭合演《桑园寄子》，自此身价倍增。年内女儿五十在此院出生。

1913年秋，应上海丹桂第一台许少卿之邀，挂二牌旦角随头牌老生王凤卿赴沪演出，月包银为1800银圆，时年尚不足20岁。因首次出远门，故由其伯母陪同照顾。琴师茹莱卿，梳头师傅韩佩亭，跟包的“聋子”宋顺等同往。此行不仅在沪唱红，而且得王凤卿提携，以《穆柯寨》首次演大轴戏，这也是梅第一次唱扎靠戏。为期45天的演出，于年底载誉返京。从未出过远门的梅兰芳，离家日久多么思念家人呀！归途中深深体会到“归心似箭”的心情。出了北平东车站，忙与伯母坐上家里来接的车，回到阔别两月之久的家，更感受到“祖母倚闾，稚子候门”的滋味。一进家门直奔上房祖母屋内请安，“奶奶，您好吧！可想您啦，我给您带回许多南边的土产，有火腿、龙井……等打开行李来孝敬您。”他的长子大永，跑到爸爸身边要糖吃。当全家人围坐一起吃饭时，祖母说道：“常言说得好，‘勤俭才能兴家’，你爷爷一辈子帮别人的忙，照应同行，给咱们这行争了气。可是自己非常俭朴，从不浪费有用的钱。你要学你爷爷为人处世，也要学他勤俭的美德。我们这一行的人成了角儿，钱来得太容易，就胡花乱用，糟蹋身体。等到渐渐衰落下去，难免挨饿受冻。像上海那样繁华的地方，我听到有许多名角儿都毁在那里。你第一次去就唱红了，以后短不了有人来约请你，你可得自己把握好，别沾染上那套吃喝嫖赌的坏习气，这是你一辈子的事，千万要记住我今天的话。”祖母这一番训诫，成为他一生立身处世的指南。

梅兰芳爱好养鸽子，在东房旁搭有鸽子棚，里用木板隔成许多鸽子窝，每个小门上都有一流通空气的小洞，窝内放有草囤。每日天一亮，他就给鸽子喂食、换水、清扫，然后开始放飞训练，他亦睁大眼睛随着鸽子飞行注目观望，日久天长，竟把双目锻炼得炯炯有神，对他的舞台表演艺术起到了积极的作用。此次由沪返京，见到这些暂别重逢的小宠物，犹如朋友相聚般的格外亲切。

1914年，梅兰芳开始学习绘画，以提高艺术修养。在此居住时，结识了王梦白、陈师曾、金拱北、姚茫父、汪蔼士、陈半丁、齐白石等许多名画家，他们常来鞭子巷三条梅家欢聚作画，使梅兰芳的绘画艺术迅猛提高，造诣颇深。1915年阴历九月二十三日白天于吉祥园首演了第一出古装戏《嫦娥奔月》，编剧齐如山，服饰、扮相参考诸多仕女画设计而成。剧中梅兰芳饰嫦娥，俞振庭饰吴刚，李寿山饰后羿，谢宝云饰王母，李敬山饰兔儿爷，路三宝、朱桂芳、姚玉芙、王丽卿饰四仙姑，新颖的演出轰动一时。该年，其子大永4岁夭折，次年，女儿五十亡故，梅兰芳极为伤感，这促使他早日另迁新居。

1916年，演出收入日渐增多，遂以两千几百两银圆典了南芦草园一所宅院。该寓所为两所打通的四合院，有房30余间。在此居住之时，其表演艺术更趋纯熟。有幸又与谭鑫培合作演出了《汾河湾》《四郎探母》等。《木兰从军》《天女散花》《黛玉葬花》《千金一笑》《童女斩蛇》《红线盗盒》《麻姑献寿》《牢狱鸳鸯》《宦海潮》《邓霞姑》《一缕麻》等戏的首场演出，均是在此居住之时。1916年底，朱幼芬组“桐馨社”，梅兰芳、杨小楼同时应邀加盟。梅、杨于舞台首次合作演出《长坂坡》，杨饰赵云，梅饰糜夫人，“掩井”一折，二人配合默契，至今无人能比。梅兰于该班新排《春秋配》中饰姜秋莲，杨饰配角张衍行，使戏大为增色，这是杨有意捧梅，使梅获益匪浅。1919年，梅兰芳为其祖母办八十大寿堂会，于距住所颇近的织云公所举办了一场名家荟萃的堂会戏，开场是梅兰芳的《麻姑献寿》，大轴反串戏是《艳阳楼》，余叔岩饰高登，梅兰芳饰呼延豹，传为梨园佳话。同年四五月梅兰芳率团首次赴日演出，夫人王明华陪同前往，以照顾梅氏饮食起居。演员有高庆奎、贯大元、王毓楼、姜妙香、姚玉芙、芙蓉草、陶玉芝等，乐队茹莱卿、高连奎、何庆斌等，领队齐如山，一行35人。剧目为《御碑亭》《女起解》《武家坡》《游龙戏凤》《嫦娥奔月》《天女散花》《黛玉葬花》《游园惊梦》《思凡》《琴挑》等。演出盛况空前，载誉而归。该年经罗瘿公力荐，15岁的程砚秋拜25岁的梅兰芳为师。1923年，梅兰芳于寓所为其伯母办六十大寿。后梅氏全家告别崇文区，乔迁至内城无量大人胡同新寓，开始艺术生涯的新篇章。

我所认识的梅兰芳

齐如山

君子之交

我同梅兰芳有五十年的交情，在一间屋中，共同用功工作也有二十几年之久，对于他的性情品行，我知道得相当清楚。之所以清楚，不止因为相处甚久，而且也曾经详细留神，严格审察过。为什么要这样详细审察呢？这里无妨连带谈几句，吾国社会中有一种传统的思想，再前不必谈，明清两朝，几百年的风俗，凡是正人君子，都不肯与戏界人来往——尤不敢与唱旦角的熟识，免招物议。所有与戏界来往者，都是纨绔子弟。倘某人与他们稍为亲近，则亲戚本家，便可与某人断绝来往。一直到宣统年间，这种思想还仍然存在。也无怪其然，因为明清两朝的法律，凡唱戏人的子弟，不但不许做官，且三辈不准考秀才。彼时不许考的人，不止唱戏的，还很有几类，如衙役、妓女、剃头师傅等等都不许考。其实这并不新鲜，隋文帝十六年定制，工商不得仕进，此见过正史的。不过是朝廷待他们如此，就无怪社会鄙视他们了。我虽不以这种制度情形为然，但亦不愿冒众人之不韪；所以最初与戏界人来往，尤其旦角，也非常小心，此我所以对梅要详细审察之原因也。所以我在宣统二年，就认识他，但无来往，只是看了他的戏，给他写信，发表我的意见，大致总是说，该戏演的某处好，某处不对，应该怎样演法等等的这些话。最初写信，不过好玩的性质，他彼时已很有名，对于我这一位不十分相熟的外行的信，不见得能够重视。没想到下一次再演，我又去看，他完全照我写的改过来了。这一来，把我的兴趣引起来了。以后写过七八十封信，他还都保存着。有一部分，黏在册上，存于国剧学会。

我自民国二年以后，便天天到他家去，然不过谈谈旧戏的规矩情形，没有给他编过戏，意思就是我要看一看他是怎样一个人。他演戏的天才自是很高，然倘人格不够高尚，也值不得帮忙。因有两三年以上的工夫，所以察看得很清楚，不但他本人，连他的家庭也都很好。从前社会中的议论，大多数的人，都疑惑戏界家庭不够高尚，其实我同戏界家庭有来往的很多，看他们都很安闲清洁，绝对不是大家想象的那种情形，不止梅兰芳一家。若说戏界有不够高尚的人，自然也难免，但哪一界没有呢？在那个时期，恐怕政界的人，不高尚的，比戏界人还多得多。自此之后，我才决定帮他的忙。最初替他编了一出《牢狱鸳鸯》，一演而红。又编了出《嫦娥奔月》，不但替他设法创制古装，且为他安排了舞的身段，因为既创出古装，就一定要编几出《红楼梦》的戏，其中的第一出即《黛玉葬花》。这两出戏，一因是古装，二因有舞，于是大红而特红，每次演唱，必卖满座。其实叫座能力所以那样大者，固然因为是新戏，也确是他本人叫座能力特别大。只这两出戏，到上海就赚了三万多元钱。一次我二人闲谈，他颇有想送我一笔款报答我之意。我说：您不必动这种脑思，向来外界人对于戏界人，约分两种，一是在戏界人身上花钱的，一是花戏界人钱的。我们二人，是道义交，我不给您钱，也不要您的钱，只是凭精神力气帮您点忙而已。后来又有一次，他同我说，我的声名，可以说是您一个人给捧起来的。我说，话不是这样说法，编几出新戏，固然于您很有益处，但仍是靠您自己的艺术能力。比方一样的一出戏，您演出去，就可以卖一块钱一张票，倘是我自己扮上，上台一演，恐怕两个铜板也没有人来看。再说，您出名，我固然有点力量，可是我的声名，也蒙您给带起来，所以现在知道您的人，大多数都知道我，如此说来，我也应谢谢您。他说，那也不然，您出名是有您的著作，对于社会的贡献，于我没有什么相干。以上乃我们平常谈话的一些情形。

信而有仁

梅兰芳的艺术，人人知之，且谈者已多，此处不必再赘，所以只谈他之为人。他之为人不但谦和，且极讲信用而仁慈，又自爱而讲气节，兹在下边大略谈谈。他讲信用的地方很多，最浅显最常见的，是演义务戏。北平的风气，为办慈善事业或学校等等，常常找戏界人演义务戏，演员无报酬，又可以卖大价，倘办得好，颇能赚钱。不过戏界人，虽明处是不要钱，但他开账时，场面、跟包、配角等等，所开之价，总比平常加倍还多，暗中自然就把主角应得之数，开在账里了。就是主角不是自动如此，他的办事人，也要这样做。因此闹得开支很多，赚钱有限，且有赔钱而很狼狈的。这种情形，戏界人人知之，常当戏提调之人也都知道，此外知道的人，就很少了。梅则不如此，规模太小之义务戏他不演，他既答应演义务戏，则一文不要，自己跟包人，自己给钱，其余配角，由义务办事人自己接洽，以昭信用。以上这段话，并非讥讽他人，其实我就不赞成白找人家演义务戏，我的思想是，戏界人之艺术，也是花钱学来的，如同店铺的货物一样，白找人家演戏，就与白搬人家的货物一样，自然倘遇重要事情，则另当别论。所以几十年中，没有找兰芳白演过戏，只有一次，是蔡孑民（元培）、李石曾两先生创办中法大学，曾由我约梅演过一次义务戏，就是未受分文的报酬。前边所说规模太小之义务戏者，系指办一小学等等，他如果答应这种，则他一年之中，只能专演义务，无法再演买卖戏，因为求他之人太多，且有许多借端图利之人，所以无法答应也。至于大规模或本戏界之义务戏，则他永远站在前边，盖民国六七年后，老辈如谭鑫培等去世之后，叫座能力以梅居首，所以他永远倡头举办。

他到上海之后，也要赶回北平出演，后几年不能回平，他便在上海约各角合演，所得之款，一半给上海本界贫人，一半汇寄北平。

爱国自爱

次谈他的自爱。民国以前不必谈，民国以后，北方有些军阀，固然也是捧唱戏的，可是给有名之角为难的地方很多，闹得丑声也很多。彼时的名角，也确有一二不自爱之人。所以有如此情形者，所不规则的军阀，大概大家还都知道，而这些军阀的部下，倚势凌人者更多，狐假虎威的气势，尤难对付。梅则对付得不错，他常说，命我唱戏，因为我是这行，当然非唱不可，且永是规规矩矩地唱；至于给钱与否，既然不能抵抗，也就满不介意。唯独他们要找我去，同他们吃吃喝喝、打麻将、叫妓女等等的事情去鬼混，就是杀了我，我也不干。因此所有的军阀，也没有逼迫他，大概也是因为他名气大，倘闹得天下皆知，于他们军阀，也不很利，所以他们有所顾忌。然梅之摒挡，也真不容易，此足见他自爱。

再谈他的气节。“九一八”事变之后，日本人以溥仪为傀儡，在东三省成立伪满洲国。在未成立之前，日本人即使中国人来找他，请他于伪满洲国成立之日去演几天戏，以志庆祝，戏价定可极力从优，安全绝对保险。他当然不去，如此交涉了几次。这个中国人说，你们梅府上，三辈都受过清朝的恩典，樊樊山先生他们且有“天子亲呼胖巧玲”等等的这些诗句，是人人知道。如今又成立新政府，你自然应该前去庆祝，且此与演一次堂会戏，也没什么分别，有何不可去呢？梅回答得很好，他说：这话不应该这样说法，清朝已经让位，溥仪先生不过一个中国国民，倘他以中国国民的资格，庆寿演戏，我当然可以参加。如今他在敌人手下，另成立一国，是与我们的国家立于敌对的地位，乃我国之仇，我怎么能够给仇人去演戏呢？该人又说，那么从前的恩惠就不算了？梅说：这话更不能说，若严格地说，清宫找戏界唱戏一次给一次钱，也就是买卖性质，就说当差，像中堂尚书等或可说受过恩，当小差使的人多了，都算受恩吗？我们还不及当小差使的人，何所谓恩惠呢？该人无言，事遂作罢。过几个月，有苏俄教育部约梅兰芳前去演戏，所有条件都谈妥，预定前往苏俄之期，即伪满洲国成立之时，梅对我说，由北平往苏俄，势必经过伪满洲国，倘被他们强留住，演几天戏，是无法抵抗的。其实平平常常，演几天戏也算不了什么，但他们的名义，一定是庆贺伪满洲国，而日本人必借此大肆宣传，这于我实在合不来，苏俄此行，只好作罢。后又经几次接洽，结果规定了所有配角等20余人由北平乘火车，经东三省赴苏俄，兰芳则一人由上海乘苏俄轮船，直赴海参崴前往。这些情形，日本人当然尽知，然苏俄船在日本靠岸时，日本人对梅还开了一次欢迎会，这当然是日本人的手段，故意表示友好，然此却可见梅之气节。

还有一件，就是日寇时代，梅留须躲于香港。此事几乎人人知道，但其中较详细的经过，则知者甚少，亦可略谈几句。当日本未占北平之前，梅曾与我写信，请我到上海去住，他说北平怕不保险。我给他回信，说上海也不会安定。但他却认为上海有各国租界，在南京政府未迁移之前，他总认为上海是可靠的，所以毫无搬移的心思。迨政府往西一移，他才有移动之心。想追随政府，然政府尚无确定地点，未便移动。后政府决定设在重庆之后，他想去可就不容易了，一则交通已不方便，二则日本对他早已注意，想往重庆，恐怕是万不可能的事情了。日军初到上海，他尚可安居，后来日本势力伸展到租界之中，他看情形不好，才想迁往香港。未迁之前，有人同他说，日本对你向来非常友好，何必迁居呢？日本人说过，所有到日本去的中国人，日本社会呼他们的姓名，永远用和音（即日本音），从前只有对李鸿章，则有一部分人呼为中国音，此次梅兰芳到日本，则全国日本人，都呼为中国音。所以梅到美国去的时候，美国报纸中说梅兰芳是六万万人欢迎的名角，意思就是除中国人外，还有日本人一万万以上（两件事情，倒确是有的），有这种情形，你可以不走。梅说：日本人对我自是很好，但对于我们的国，则太可恨了，有什么理由，不管国家，只管自己呢？所以他决定躲到香港。自日本人占了北平，到日本投降，八年之中，我没有和他通过信，但因为小儿焕也逃到香港，就住在他家约二三年之久，他们二人，常常商量同往重庆，但彼时虽然能去，而已不能畅通，有时路间还要走一段。他当然很畏怯，迟延迟延，结果小儿焕自己先去，并商定由小儿到重庆，看情形替他布置，他再前去。结果越来越困难，致未去成。此他未去重庆，停留香港之实在情形有也。

忆梅兰芳

许姬传

忆昔少年时

1916年（民国五年）冬，梅兰芳到杭州第一舞台演出，堂兄许伯明约我与源来、伯遒弟观看梅兰芳演昆曲《西厢记》之《佳期·拷红》。散戏后同到后台化妆室，伯明向梅兰芳介绍道："这是我三个弟弟：许姬传、许源来、许伯遒。他们都得到徐子静（致清，戊戌政变时以礼部侍郎折保康有为、梁启超、谭嗣同、黄遵宪、张元济，被慈禧太后判斩刑，旋改'绞监候'。庚子获赦，到杭州定居）先生传授，会唱昆曲，能吹笛子。"梅兰芳和我们一一握手，并笑着说："我的字音唱腔有不合适的地方，请你们指教。"

我们三人期期艾艾地说："嗓子好、扮相好、唱得好、做得好，我们第一次听您的昆曲，真过瘾！"

我们在先听过梅的《黛玉葬花》《穆柯寨》，当时票价是月楼每座二元，特别正厅、包厢一元二角。我们每月只有两元点心钱，无力买票。友皋二叔（伯遒的父亲）定了六个长座，案目阿坤说："梅兰芳的戏票，中午就要派人来占位子。”我们弟兄三人要把住六个位子，吃饭时，轮流到面馆吃面，要坐到晚十点钟才看到梅兰芳的戏。与梅同台的京角还有王凤卿、姜妙香、姚玉芙，班底有冯子和、小孟七、李兰亭、赵松樵、陈嘉璘。这次来杭演出，是陈嘉璘介绍的，梅兰芳的笛师陈嘉梁从中穿针引线，陈氏昆仲是梅兰芳的表叔。

丁沽重聚首

20年代，梅兰芳率团来天津演出。军阀混战，火车中断，梅兰芳、姜妙香、姚玉芙、王少卿被阻天津“息游别墅”达十余日。陈宜荪夫妇每日约到寓所便饭，我与源来列席。梅兰芳、姜妙香唱昆曲《金雀记》《乔醋》，我与源来吹笛伴奏。陈太太能唱老生，是陈彦衡老师的学生，她还唱了苏州小曲《四季相思》《无锡景》。车通后，我与源来到“息游别墅”送行。梅兰芳说：“这次被困天津，在陈家的聚首很有意思，这是我出外演出的纪念，我希望再有这种机会。”并与姜妙香订了后约。姚玉芙接着说：“如再演出时，恐无此闲情别致了。”

扶桑初发轫

1918年，日本帝国剧场董事长大仓喜八郎到北京旅游，观看了梅兰芳演的《天女散花》，大为叹赏，就约梅剧团赴日演出。1919年（大正八年），梅兰芳率剧团应邀到日本东京帝国剧场演出，剧目有《天女散花》《御碑亭》，昆曲《玉簪记》《琴挑》等，受到各界热烈欢迎。

赴日演出期间，梅兰芳与日本歌舞伎名演员中村歌右卫门、尾上梅幸、中村雀右卫门等人，或同台演出，或交流经验，例如化妆就得到中村雀右卫门的指点而提高。又日本方面还模仿《天女散花》的舞蹈，称为“梅舞”。演出《御碑亭》时，有不少妇女掩面而泣，据随团同去的伯明堂兄说：“像王有道休妻的事，在日本是数见不鲜的，所以她们皆有身世之感。”（按：伯明是日本士官学校第一期毕业生。）

日本文艺界知名人士内藤虎次郎、青木正儿、冈崎文夫、那波利贞、狩野直喜、丰冈圭资等均著文评赞以梅兰芳为代表的中国戏曲。大正八年秋，京都汇文堂编辑出版了《品梅记》。考《春莺啭》是唐代乐曲，日本尚保留此调，灌有唱片。

美洲传绝艺

1921年，徐世昌总统为美国驻华公使芮恩施举行饯别宴会，芮公使致辞中说：“如欲中美国民感情益加亲善，最好是请梅兰芳带上剧团赴美演出，必能收到良好的效果。”

参加宴会的交通总长叶恭绰，把芮恩施的话转告梅兰芳、齐如山。梅兰芳与缀玉轩的“智囊团”冯幼伟（耿光）、吴震修、齐如山、许伯明等商量，决定筹备自费赴美演出。冯幼伟担任经济，齐如山编写了几本书介绍中国戏曲和梅兰芳剧团的特点，有《中国剧之组织》《中国剧之图谱》《梅兰芳传》《梅兰芳歌曲谱》《梅兰芳艺术一斑》等，以上各书均译成英文本，印费颇昂。

把中国宫廷式的、富丽堂皇的戏台装置，全新的服装、道具带到美国，梅兰芳耗费了大量从演剧得来的金钱（先在北京筹了五万元，由于美国发生严重的经济危机，这些钱不够了，冯幼伟在上海向各界筹了十万元）。梅兰芳剧团20余人于1929年12月下旬乘英国船“加拿大皇后号”赴美，1930年初抵美后，第一场戏是在华盛顿中国驻美公使馆演出的，除了胡佛总统因公外出，500多位高级官员和知名人士观看了演出。

梅兰芳聘请正在美国讲学的南开大学教授张彭春博士为梅剧团导演，张彭春对带去的剧目和梅兰芳商榷研究，做了必要的精简。

梅兰芳剧团在纽约49号街剧院演出了《汾河湾》《青石山》《剑舞》（《红线盗盒》）《刺虎》。票价美金六元，黑市高达十六元。

梅兰芳的精湛演技，受到纽约、芝加哥、旧金山、洛杉矶、檀香山各地美国人民和华侨的热烈欢迎。

美国著名戏剧家史托克·杨以巨大篇幅在报刊介绍中国戏曲及梅兰芳剧团的特点。他的卓越的观点、正确的评价，在美国产生了深远的影响。

在洛杉矶演出时，波摩那、南加州两大学授予梅兰芳文学博士荣衔。

他山得共鸣

1934年10月，苏联对外文化协会通过戈公振的关系，邀请梅兰芳率团赴苏演出，中苏两国外交部互相联系，达成协议，梅兰芳提出不经过东三省敌占区，1935年春，苏联政府特派“北方号”轮到沪迎接梅兰芳剧团全体团员。同舟还有驻苏大使颜惠庆、电影明星胡蝶。

梅兰芳在莫斯科、列宁格勒两地演出了六出戏：《汾河湾》《打渔杀家》《刺虎》《宇宙锋》《贵妃醉酒》《虹霓关》。还表演了六种舞：《西施》的“羽舞”、《木兰从军》的“走边”、《思凡》的“拂尘舞”、《麻姑献寿》的“袖舞”、《霸王别姬》的“双剑舞”、《红线盗盒》的“单剑舞”。

梅兰芳的精湛演技受到苏联文学家高尔基，戏剧家斯坦尼斯拉夫斯基、梅雅荷尔德以及德国戏剧家布莱希特的赞扬。从此，梅兰芳演剧体系与斯坦尼斯拉夫斯基、布莱希特演剧体系鼎足而立，成为世界三大演剧体系之一。

苏联对外文化协会要求梅兰芳剧团从列宁格勒返回莫斯科时，在莫斯科大剧院晚会上做招待演出。官方提出的剧目为：《打渔杀家》（由梅与王少亭合演）、《盗丹》（由杨盛春扮演孙悟空）。《盗丹》在苏联演出时，是很受欢迎的剧目，也是齐天大圣第一次在欧洲露面。《虹霓关》，由梅兰芳扮演东方氏，朱桂芳扮演王伯当。导演张彭春认为在日本演出时，由姜妙香扮王伯当，小生用假嗓，观众能接受，苏联人对假嗓恐不合胃口，故改由朱桂芳用小生本嗓唱。以后，苏联名导演爱森斯坦因还拍摄了《虹霓关》对枪的影片。

是日戒备森严、下场门第二厢无灯，或云斯大林同志观看了演出。

正气振苍冥

九一八事变后，梅兰芳到上海天蟾舞台演出。某日赈灾义演。发起人史量才到后台道乏，对梅云：“顷得消息，日本军阀将占领北京，溥仪入关，重回紫禁城，老兄将成为内廷供奉矣。”梅报以苦笑。回到沧州饭店，即嘱福芝芳乘早车返京，将子女接到上海，在马斯南路（今思南路）定居。七七事变后，梅兰芳到香港居住；珍珠港事变后，梅返沪，留须辍演，他以忠贞毅力，抵住了来自各方面的威胁利诱。

万物皆寓形

梅兰芳为了解决生活问题，售去北京无量大人胡同住宅；继之以向银行透支和卖画为生。

1945年春，梅兰芳与叶恭绰合开画展于上海成都路画厅。人均重其高节，纷纷选购，销路大增。

梅的作品，人物画最见工力，是他多年来临摹古画，独出新意。脍炙人口的有《文殊势利菩萨像》，诗堂有罗瘿公之弟罗复堪书小楷佛经七百字。《达摩像》，梅自题一绝："穴居面壁，不畏魍魉。壁破飞去，一苇横江。"《观音像》有陈陶遗篆书题字。《罗汉像》有汤定之题字。梅绘《天女散花图》扇面，叶誉虎长题。陈妙常、杜丽娘等戏像，吴湖帆题字。其他花鸟蔬果，生意盎然，均有名家题咏。

梅兰芳初学画，陈师曾介绍王梦白，月致束脩三十元，是为开蒙老师，其后问业于陈半丁、汪蔼士、齐白石、徐悲鸿。迁沪后，拜汤定之为师，学画古松。梅常说："我学画是为了丰富表演，从中悟出色彩、线条、图案对称的道理，对我的化妆、服装、道具得到借鉴提高。有一次凌植支、王梦白、陈半丁诸画家在缀玉轩合作花鸟挂幅，白石老人最后落笔，画纸已无空隙，便画了只鸟儿正要捕捉小蜜蜂，形成了鲜明对照。师曾先生说：'此乃神来之笔！'我由此懂得了大与小、繁与简构图章法。"

徐悲鸿以梅兰芳《天女散花》剧照绘图，罗瘿公题诗曰："府人欲识梅郎面，无术灵方再驻颜。不有徐生传妙笔，安知天女在人间。"

余于梅、叶画展中购得十余幅，以吴湖帆画松、叶普虎画竹、梅兰芳画梅之《三友图》最为珍贵。

梅兰芳早年养鸽数百对，故喜画鸽。某年画"双鸽图"赠我，余请九三老人沈裕君题篆字，中州张伯驹题诗，余题七古一首。此三老均先后作古，不胜黄垆之感。

江山焕新貌

1949年夏，周而复、熊佛西同志通知梅兰芳到北京参加文代会，梅兰芳、福芝芳携子女友人等十余人和代表团乘车从沪宁铁路转津浦铁路北上。其时，淮河桥被炸断，车行至蚌埠，全体下车。蚌埠月台上数百名解放军，内有一人发现梅兰芳，即持手册请梅签名，接着不断有人请梅签名。有一位像官长模样的人（按：当时解放军指战员，从服装上很难辨识）大声说："天这么热，不能再签名了。梅兰芳先生抬起头来，让我们看一下。"于是拿着手册的士兵都退下来。梅先生踮脚、抬头站在人群中，向大家含笑拍手，全体官兵报以热烈掌声。这位指挥军官引着梅先生走出人群，又是一阵掌声把梅兰芳送到卡车上。熊佛老在车上说："大家还没有吃东西，我们现在到市区找一个馆子吃饭吧。"车站离市区很近，本来十分钟就到了，因为群众发现了梅兰芳，夹道欢呼鼓掌。

我听得有人说："和梅兰芳并排站的是麒麟童，我看过他的《追韩信》。"

接着又有人喊："这是电影明星，这是越剧演员。"这段路足足走了50分钟。有一位工作人员说："到了，大家下车。"梅先生和家属走进饭馆，许多人跟着往里挤。

代表团一位干部说："诸位都进来，饭馆坐不下，请大家散了，回家吃饭吧！"

有人高声说："请梅博士唱一段戏，我们听完了就散。"这时，梅兰芳走到门口对大家说："好！我唱一段给大家听。"这时，某剧团琴师正好腰里带着胡琴，就取出来定弦。便听得有人说：

"我们要听《苏三起解》。"

梅先生对琴师说："咱们唱流水。"唱毕，大家鼓掌散去。

梅氏家属共16人，坐了一桌半。我与李青崖先生同席，他对我说"刚才的盛况，我口占一绝。"我掏出笔记本，他接过去写道："桥断长淮觅渡忙，撑天火伞焰方张；心情解放终难锁，空巷人民看艺王。"

周游十九省

新中国成立后，梅兰芳被选任全国人大代表、全国政协常委、全国文联副主席，全国剧协副主席、中国戏曲研究院院长、中国京剧院院长。

各地人民纷纷来函邀请梅剧团前往演出，梅问周恩来总理："现在各地人民纷纷来信邀我带团前往演出，但我现在任行政工作，久旷职务合适吗？"周总理说："大家都希望看你的戏，你送戏上门，为人民服务，是你重要的工作，应该到各地走走，与当地剧团交流经验；至于两院的行政事务，有专职干部办理，你只过问一下有关业务的大事即可。"

从1950年起，梅兰芳开始旅行演出，到1961年逝世，平均每年演出150场。

陆邻谊益增

1956年，梅兰芳以中国访日京剧代表团总团长名义，三度访日（欧阳予倩为副总团长）。团员有姜妙香、李少春、袁世海、李和曾、侯玉兰、孙盛武、谷春章、梅葆玖、梅葆玥等80余人，为历次出国规模最大者。

梅兰芳演出了《贵妃醉酒》《奇双会》《霸王别姬》；李少春演出了《闹天宫》；袁世海、李和曾演出了《将相和》；梅葆玖演出了《天女散花》；梅葆玥演出了《人面桃花》。

观众中有从中国香港、美国、英国、法国赶来的梅剧爱好者。

当时，中日尚未建交，而日本方面却破例在国会大厦招待了以梅兰芳、欧阳予倩为首的主要团员，此行对增进两国友谊，起到了积极作用。周恩来总理在饯别会上对大家说："你们这支文化先锋队，对睦邻建交有重大意义，我预祝你们成功。"

代表团在日本所受到的礼遇，令人感动。他们招待代表团游览了名胜区箱根、琵琶湖、奈良，拜谒了东大寺唐代高僧鉴真和尚像，观看了中国已经失传的《兰陵王破阵舞》。

著书倾积累

梅兰芳为了总结他一生走过的艺术道路，写了《舞台生活四十年》《梅兰芳文集》《我的电影生活》《东游记》等书，其目的是使后来者从这些著作中能得到些启示和营养。

录影留真面

1955年拍摄了《梅兰芳舞台艺术》（上下集）彩色电影片：《宇宙锋》《贵妃醉酒》《霸王别姬》《洛神》、昆曲《白蛇传》的《断桥》。1959年拍摄了彩色有声片昆曲《牡丹亭》的《游园惊梦》。梅兰芳曾对人说："我必须抓紧时间留资料，因为肖老（长华）、姜老（妙香）都是高年；振飞兄比我小，他是特地从香港赶回来的，我就提出先拍《断桥》。1959年，夏衍同志倡议拍摄《游园惊梦》，我和俞振飞、言慧珠在很短时间内就完成了任务。"

梅兰芳集中精力，演出了最后一个新编剧目《穆桂英挂帅》，于国庆十周年在人民大会堂演出，当时有"一个人唱满一台戏"的称誉。在梅兰芳逝世前两个月，还为社会科学院演出了《穆桂英挂帅》，演毕，郭老登台与梅兰芳合影留念。

艺坛失明灯

1961年8月8日，梅兰芳以心肌梗塞症离开了人间，艺术界失去明灯，同声恸悼。中华人民共和国为了纪念梅兰芳一生为戏曲事业做出的不懈努力，特举行了隆重的殡葬仪式，安葬于香山梅氏茔地。

威武不能屈的梅兰芳

梅绍武

在纪念抗战胜利50周年之际，我不禁想起先父当年蓄须明志的不凡事迹。丰子恺先生曾在《梅兰芳不朽》一文中赞扬先父威武不能屈。诚哉斯言。丰先生写道：

“抗战期间，我避寇居重庆沙坪小屋，这小屋简陋之极，家徒四壁，毫无装饰，墙上只贴着一张梅兰芳留须照片，是上海的朋友从报纸上剪下来寄给我的。我十分宝爱这张照片，抗战期间一直贴在墙上，胜利后带回江南，到现在还保藏在我的书橱中。我欣赏这张照片，觉得这个留须的梅兰芳，比舞台上的西施、杨贵妃更加美丽，因而更可敬仰。在那时候，江南乌烟瘴气，有些所谓士大夫者，卖国求荣，恬不知耻；梅先生在当时只是一个所谓‘戏子’，所谓‘优伶’，独有那么高尚的气节，安得不使我敬仰？况且当时梅先生已负盛名，早为日本侵略者所注目，想见他住在上海沦陷区中是非常困苦的，但他能够毅然决然地留起须来，拒绝演戏，这真是‘威武不能屈’的大无畏精神，安得不使我敬仰？”

当时我父亲的处境确实是十分困苦而历经艰险的。1937年“八一三”事变，日寇占领上海后，父亲虽然住在租界内，却经常受到敌伪分子和地痞流氓的纠缠骚扰，不得不委托挚友冯耿光先生因公去香港之便，代为安排赴港演出计划，以便跳出樊笼。1938年春，他在香港利舞台演出结束后，便在半山上的干德道8号租了一套公寓房子住下来，决定不再返回孤岛。那时有人问他："您曾经于1919年和1924年两次赴日演出，日本人对您一向友好，何必一定要移居香港呢？"父亲答道："日本人民和艺术家对我确实是友好的，可是他们的军政府对我们国家则是太可恨了。我有什么理由只管自己而不顾国家呢？"

母亲带着我们兄妹四人仍住在上海，只在每年暑假期间去香港和父亲相聚两个月。1941年暑假后，父亲把葆琛兄和我留在身边，让我们在香港求学，母亲便带着葆玥和葆玖返回上海，为的是照管上海的家并照顾京沪两地许多同行的生活。

父亲蛰居香港，心情虽然悒郁，却对抗战胜利充满了信心。他相信总有一天将会重登舞台，把自己的艺术献给人民，因此他常常夜间独自拉着二胡悉心复习和研究自己的唱腔，并且严格锻炼身体以免发胖。不幸的是1941年12月太平洋战争突然爆发，香港很快就陷落了。父亲看出自己这次难以逃出虎口，便毅然决然地蓄起唇须，胸有成竹地对我们说："我留了小胡子，日本鬼子还能强迫我演戏吗？"他毫不畏惧地等待随时都会到来的凶险。果然不出所料，日本侵略军接连三次胁迫我父亲与他们合作。第一次是敌军司令酒井派一个名叫黑木的日本人前来，令我父亲到设在九龙半岛饭店的司令部去一趟。酒井见他蓄起唇须，问道："您怎能在中年时期就退出舞台？"

父亲沉着地答道："我是演旦角的，如今快50岁了，扮相差了，嗓子也不行了，已经完全失去演出的条件，早就应该退出舞台，免得献丑丢人！"

酒井听出话中有刺，便说以后再详谈再研究。没过多久，敌寇为了召开一次占领香港的"庆祝会"，要他参加演出。当时父亲由于火气上升，正患牙疼，脸部发肿，请医生开了一张证明，名正言顺地挡了回去。

一个月过后，他们又派人来百般威胁利诱，非要他出来演几场戏不可，企图借此繁荣市面。父亲再次提出自己已多年不登台，嗓音丧失，且剧团不在港地，无法演出，给回绝了。

第三次是在1942年春，南京汪伪政府无耻地庆祝什么“还都”，由日本特务机关派人来香港接我父亲前往演出，并称已备好专机护送。父亲还是照前两次那样提出拒绝的理由，可是那个特务屡次前来纠缠，最后父亲坚持自己犯有心脏病，平生从不乘坐飞机，使那个家伙无计可施，又鉴于父亲的国际声望，也不敢把他怎么样，只好空身回去复命。

后来，由于粮食和物资严重短缺，日本占领当局下令紧急疏散人口，父亲便趁机托几位老朋友把葆琛兄和我带到内地去求学。我们兄弟临行时，父亲怕日寇发现阻拦我们，就按照小名“小四”“小五”谐音给我们俩改名为“绍斯”“绍武”（我原名为葆珍）。随后有人劝我父亲化装也偷渡到内地去，但有的朋友觉得这个办法不妥，父亲的面貌容易让人认出来，万一被日寇发现，事情反倒不好办了。冯耿光先生认为香港已和上海一样，不如返回上海和家人同甘共苦。父亲最后接受了这个意见，便于1942年夏怏怏不乐地取道广州返回沪滨。随后到来的则是更为严峻的日子。

1942年秋，汪伪政府的大头目褚民谊突然来访，要我父亲在12月作为团长率领剧团赴南京、长春和东京巡回演出，以庆祝所谓的“大东亚战争胜利”一周年。父亲用手指着自己的唇须，表明早已退出舞台。褚逆阴险地说道：“小胡子可以剃掉嘛，嗓子吊吊也会恢复的。哈哈哈……”

笑声未落，褚逆就听到这样的回答：“我听说您一向喜欢玩票，大花脸唱得很不错。我看您作为团长率领剧团去慰问，不是比我更强得多吗？何必非我不可！”父亲就是这样讥诮地臊走了那个无耻的大汉奸。

敌寇当然不肯就此善罢甘休，便由华北方面军报道部部长、号称“王爷”的山家出面胁迫。他采纳一家黄色小报的社长朱某的谗言诡计：“梅兰芳说他年纪大了不能再登台，那就请他出来讲一段话，他总不能再有什么理由推却了吧！”秦叔忍三叔（北平华昌制版局创办人）闻讯后想出一条对策，让梅剧团经理姚玉芙先生到上海请吴中士医师给我父亲接连注射三次伤寒预防针，因为他知道我父亲不管打什么预防针都立刻会发烧。山家不信我父亲突然病倒，派驻沪海军司令部查明情况。日寇军医一行人闯进我家，发现我父亲果然卧病在床，昏迷不醒，发烧近40摄氏度，无法远行。父亲不惜损伤身体，再次抵制了敌寇的要挟。秦三叔现仍健在，今年已93岁高龄，去年在中央电视台拍摄的六集大型文献专题片《一代宗师梅兰芳》中以见证人身份亲口叙述了这段动人心魄的往事。秦老先生还对我们兄妹四人说：“我以前一直没敢告诉你们，你们的父亲当时早已准备好安眠药，万不得已就以死相拼！”

著名日本剧评家尾崎宏次先生1992年在《悲剧·喜剧》刊物上，发表过一篇题为《梅兰芳曾留过胡子》的文章，使我们知道了当时敌寇对我父亲胁迫的另一方面的情况，文中写道：

“我听说梅兰芳留胡子一事还是在半个世纪前……第一次听说梅兰芳留胡子是在1938年，那年是中日战争（1937）的第二个年头，也是我进入工作岗位不久的日子。当时我在《东京都报》文化部工作。从中国前线归来的特派员的一次报告会上，我得知了这一消息。报社内部那时经常举行这类内部报告，把一些无法刊登而又是事实的前线消息传达给各部记者，其中有一条就是有关梅兰芳的消息。报告是这样说的：‘日本驻沪派遣军司令官松井石根大将想看梅兰芳舞台表演并派人去找，可是扮演旦角的梅兰芳因留胡子的缘故而拒绝登台……这位名旦的唇须显然是抗议战争的鲜明标志……留胡子一事决不那么简单。这里包含着一位伟大艺术家的思想境界。我们应当理解到这一点才对！”

刘天华与梅兰芳的一次合作

谷　苇

著名的作曲家与民族器乐演奏家刘天华生前除了创作有《病中吟》《良宵》《空山鸟语》《光明行》等一系列二胡曲以外，还有一大贡献——记录编著过《梅兰芳曲谱》，现在似乎已渐被人们遗忘了。多卷本的《中国艺术家辞典》“刘天华”条目中，就无这一记载。只有“笔名大王”陈玉堂兄编的《中国近现代人物名号大辞典》中，还有一鳞半爪。其他辞书是否有更详尽的记录，就不得而知了。

记得梅兰芳先生去世前，最后一次在上海陪梅葆玖去剧场演出时，在后台休息时我曾偶尔问起刘天华记录编写《梅兰芳曲谱》一事。当时，梅先生忆及旧事故人，颇有“人琴之痛”。他说：“刘天华先生帮我整理《曲谱》，下了大功夫。可惜这本《曲谱》已不易找到了，知道此事的人也日益稀少了。”说完，他不禁长叹一声。

据梅先生回忆，他请刘天华记录整理《曲谱》是为了1930年去美国演出时的需要。因为中国的戏曲音乐当时多系用传统的“工尺谱”，这种乐谱外国人看不懂。因此梅先生接受熟悉西方文化艺术状况的友人的建议，请了刘天华来记录编写五线谱的《梅兰芳曲谱》。他记得为此有很多人继以日夜地付出了辛勤的艺术劳动。

刘天华的工作态度很认真。他的工作方法是先请梅兰芳的琴师徐兰沅，还有一位乐师马宝明根据梅的每一出戏的唱腔提供“工尺谱”。然后由他“翻译”成五线谱，并亲自在钢琴、小提琴上试奏。同时，还请徐兰沅操琴、马宝明吹笛，对照纠正五线谱上“味儿不足之处”。然后，刘天华一一加以改正以后，还重新用二胡试奏，并请徐、马听过，不断反复修正，直至基本认可以后，再请梅先生自己唱过，刘再加以改正。改好以后，按整理成的五线谱，由刘天华再一次拉二胡，请梅兰芳听过、改过，最后才定稿。有时定稿以后，梅还要再唱，刘还要再改。但自始至终，刘不厌其烦，认真记录、修订曲谱，以至于成。所以，梅在多年之后回忆旧事，还不能不赞叹说：“真难为了刘先生了。”

《曲谱》的记录整理先后费时七八个月。参与其事的除了刘天华、徐兰沅、马宝明以外，还有汪颐年画谱，杨筱莲、曹安和、周宜三位女士仔细校对，才成此谱。

可惜此书我一直未能亲见。现在连正确的书名似乎也说不清楚。陈玉堂的“辞典”记作《梅兰芳曲谱》，而我的记忆中似是《梅兰芳歌谱集》或《梅兰芳歌曲集》。好在研究梅兰芳生平与艺术的专家、学者还有很多健在，很希望得到他们的匡正。

刘天华与梅兰芳合作编写梅的《曲谱》一事，倒使我产生另一感想：梅兰芳的成功一大因素是“得道多助”。壁立千仞，无欲则刚；海纳百川，有容乃大。一个伟大的艺术家的成功，往往是由于他的善于汲取各种力量的营养与支助。这一点，也许对当代年轻的艺术家们说来还是有点启示作用的吧。

与梅大师一同出国访问

老　舍

我与梅大师一同出国访问过两次，一次到朝鲜，一次到苏联。在行旅中，我们行则同车，宿则同室。在同车时，他总是把下铺让给我，他睡上铺。他知道我的腰腿有病。同时，他虽年过花甲，但因幼功结实，仍矫健如青年人。看到他上去下来，那么轻便敏捷，我常常对友人们说：大师一定长寿，活到百龄是很可能的！是呀，噩耗乍来，我许久不能信以为真！

不论是在车上，还是在旅舍中，他总是早起早睡，劳逸结合。起来，他便收拾车厢或房间：不仅把被子叠得整整齐齐，而且不许被单上有一些皱纹。收拾完自己的，他还过来帮助我，他不许桌上有一点烟灰，衣上有一点尘土。他的手不会闲着。他在行旅中，正如在舞台上，都一丝不苟地处理一切。他到哪里，哪里就得清清爽爽，有条有理，开辟个生活纪律发着光彩的境地。

在闲谈的时候，他知道的便原原本本地告诉我；他不知道的就又追问到底。他诲人不倦，又肯广问求知。他不叫已有的成就限制住明日的发展。这就难怪，他在中年已名播全世，而在晚年还有新的贡献。他的确是活到老、学到老的人。

每逢他有演出任务的时候，在登台前好几小时就去静坐或静卧不语。我赶紧躲开他。他要演的也许是《醉酒》，也许是《别姬》。这些戏，他已演过不知多少次了。可是，他仍然要用半天的时间去准备。不，不仅准备，他还思索在哪一个身段，或某一句的行腔上，有所改进。艺术的锤炼是没有休止的！

他很早就到后台去，检查一切。记得：有一次，他演《醉酒》，几个宫娥是现由文工团调来的。他就耐心地给她们讲解一切，并帮助她们化装。他发现有一位宫娥，面部的化妆很好，而耳后略欠明洁，他马上代她重新敷粉。他不许舞台上有任何敷衍的地方，任何对不起观众的地方。舞台是一幅图画，一首诗，必须一笔不苟！

在我这次离京以前，他告诉我：将到西北去演戏，十分高兴。他热爱祖国，要走遍各省，叫全国人民看见他，听到他，并向各种地方戏学习。他总是这样热情地愿献出自己的劳动，同时吸收别人的长处。50多年的舞台生活，他给我们创造了多少新的东西啊！这些创造正是他随时随地学习，力除偏见与自满的结果。

他不仅是京剧界的一代宗师，继往开来，风格独创，他的勤学苦练，自强不息的精神，他的爱国爱党，为民族争光的热情，也是我们一般人都应学习的！

在朝鲜时，我们饭后散步，听见一间小屋里有琴声与笑语，我们便走了进去。一位志愿军的炊事员正在拉胡琴，几位战士在休息谈笑。他就烦炊事员同志操琴，唱了一段。唱罢，我向大家介绍他，屋中忽然静寂下来。待了好一会儿，那位炊事员上前拉住他的双手，久久不放，口中连说：“梅兰芳同志！梅兰芳同志！”这位同志想不起别的话来！

忆梅兰芳先生的故乡行

闻德诚

1956年的桃花三月，梅兰芳先生亲率梅剧团的演员，应故乡人民的盛情邀请，回泰州访问并演出。

梅兰芳先生是泰州人民引以自豪的艺术大师。他在京剧艺术上的造诣和成就，他的高尚情操和民族气节，早为故乡人民所崇敬。我有幸担任这次梅先生故乡之行的接待人员，耳闻目睹梅先生的音容笑貌和艺术风采，虽则时光已经过去了几十年，仍未能片刻忘怀。

梅兰芳、梅葆玖父子及著名京剧演员姜妙香等一行是3月7日下午5时许抵达泰州的。一踏上古海陵土地，梅先生心情特别激动，面对欢迎的人群，他频频挥手，连连点头。梅先生一行被安排在泰州乔园招待所歇宿，为了接待工作方便，我住的房间紧靠梅先生房间旁边。

当晚，市领导在市工商联举行欢迎晚宴，招待梅兰芳先生及其一行。梅先生边吃边谈，流溢出对家乡的无限深情。翌晨，梅先生起床盥洗后便到招待所院子里练唱练功。我们这些接待工作人员在一旁观看，不禁小声议论：先生已是誉满全球的艺术大师了，还这样严肃认真、一丝不苟地练基本功，真令人钦佩。

白天，梅先生去泰州烈士祠祭扫，献了花圈。他还和夫人福芝芳、儿子梅葆玖祭扫祖坟，参观当时的鲍家坝农业社，跟社员亲切交谈，详细询问家乡人民的生产生活情况，并和社员们合影留念。

8日晚，在泰州人民剧场举行了欢迎梅兰芳先生返乡访问大会。9日晚梅兰芳先生首场演出并举行隆重的开幕仪式。当晚，梅先生演出《贵妃醉酒》，他精彩地表演了杨贵妃在醉酒前流露出的那种既妒且恼又无可奈何的复杂心情，看了确实感人。当演到三敬酒时，他演得十分传神，三次饮酒的神态和舞姿的不同处理，极有层次地表现出贵妃的心境，并使戏的发展渐至高潮。在整个演出中，他突出表现了一个“醉”字，从略显酒意到浅醉，最后到醉态百出，表演得那么优美，那么淋漓尽致。

梅先生在泰州演出的《宇宙锋》，是他保留节目中的一出拿手好戏，当时剧场内外人头攒动，盛况空前，开场锣鼓一打响，整个大厅马上便鸦雀无声。

梅先生扮演的赵女上台一亮相，就博得满堂喝彩，满堂掌声雷动。他把一个端庄贤淑的名门女子演得雍容大度，仪态万千。目睹其风采，大家怎么也不能想象一个60多岁的老人竟把一个20岁左右的妙龄女子演得如此惟妙惟肖，活灵活现。再欣赏他的唱腔，更是字正腔圆，娓娓动听，声甜味美。梅先生的高超表演，把观众带入特定的历史氛围之中。当演到“金殿装疯”赵女手指秦二世骂你这无道昏君时，全场掌声雷动，群情沸腾，台上台下融为一片，感人至深。观众都为梅先生那炉火纯青的艺术表演深深折服。梅先生还为家乡人民演出了《霸王别姬》《凤还巢》《奇双会》等梅派名剧。每演一场梅先生都是一丝不苟，严肃认真，使观众饱享其精湛艺术。

原定演出计划远远不能满足家乡人民要求。四乡八镇的群众都要求能看到梅先生的表演，无数的观众日夜等候在剧场门口。梅先生知道这一情况后，又决定加演一场，以满足故乡人民的要求。

在演出空隙，梅先生和工作人员的交谈，使我深深感到大师对家乡、对祖国的赤子之心是那样的深厚纯朴。当我们询问起梅先生抗战时期在香港蓄须明志的一段经历时，他只是淡淡一笑说："这是每个中国人都应有的起码气节，没有什么了不起。"

最使家乡人民难忘的是梅先生在演出之余，常常一人步行到公园和大街小巷，直接跟乡亲们见面，每到一处，遇到人们他都微笑着挥动双手跟大家打招呼。作为一个享誉世界的艺术大师，如此平易近人、和蔼可亲，真令人永世难忘。

弹指间，已过去37个年头，梅先生离开人们也已近30年了，但梅先生这一次的家乡之行已深深印在泰州人民的心中。至今尚有不少当年看过梅先生演出的观众在言谈中流溢出对梅先生的尊敬和缅怀。

与梅兰芳夜话

箫　仁

1956年的暮春，我与已故的泰州文化局局长姚斌同志，曾以“乡亲”的身份，一起到上海马思南路的梅家，看望过不久前刚刚返乡演出回沪的梅兰芳先生。尽管时逾三十七载，也许真的是：人老了总容易回忆往事，那天的情形，我依然历历在目……

晚宴既毕，主人执意邀留我们小坐聊天。那股子盛情，实在叫人不好推却。于是，我们只能是恭敬不如从命，重新落下座来。好在饭后参与聊天的，除了我和姚斌同志之外，就只有梅先生和许姬传秘书，双方恰好是二对二。那阵子我虽还未及而立之年，却有股子初生牛犊不知天高地厚的朦胧劲儿，面对那么一位世界级的艺术大师，竟也没有多少胆怯和拘束。

开初，姚斌同志把话题落到中国京剧传统剧目的来源上，梅先生马上说到了明清小说，谈开了“三言”“二拍”和《今古奇观》，许二先生又补充了杂剧与元曲，就这样你一言我一语地说开去。先是从关汉卿、王实甫说到汤显祖、孔尚任；再从《玉堂春落难逢夫》谈到了《卖油郎独占花魁》；从《西厢记》《窦娥冤》说到《临川四梦》《赵氏孤儿》……每到谈兴浓烈时，梅先生总爱脱口背上几段有关的诗句。像“山外青山楼外楼，西湖歌舞几时休”；“公子初年柳陌游，玉堂一见便绸缪”等一类的诗词段落来，似乎是谈话的气氛引动了他的感慨，又似乎是他在温习那些戏中的唱词。总之，话题讲到哪，他便背诵到哪，熟悉的程度恰似囊中探物遍数家珍。那时他已是60多岁的年纪，记忆能力如此之强，实在使我叹服。

后来，不知谁又把话锋转到梅先生在国外演出的内容上，许二先生就说开了翻译演出剧名上的许多趣事：为了适应美国、日本和俄国人的口味，当初曾把《霸王别姬》翻译成《邱必忒和他的妻子》，把《贵妃醉酒》译为《一个妃子的烦恼》，《奇双会》译为《卖马人的故事》，把《玉堂春》译作《爱情三部曲》等，总之，似是而非，洋味十足，不伦不类，足以令人捧腹喷饭。

梅先生给我的印象是：态度严谨、不苟言笑、待人热情，间或插上一两句话，也总是语柔声细、举止温文尔雅。他风度翩翩、不拿架子、威仪自具，却又十分得体。梅先生当时是中国京剧院和中国戏曲研究院的院长，丢开他在国外的声誉不说，光在国内的身价可算得上是赫赫有名的人物了，想不到，竟是这样平易近人。他不说话时，那双眼睛总是礼貌地追随讲话人而不断左右来回转动，时而贯注全神倾听，时而双唇微启、露出欲笑未笑的神态，脸上的表情变化极其迅速微妙。在我心目中他似乎既是个立地顶天的巨人，又是个纯朴天真的小孩；既是个驰名中外的表演艺术家，又是个极其平常的普通老百姓。

时值暮春，天气乍暖犹寒，窗外虽还吼着冷风，室内却是和气融融，春深似海。宾主之间，品茗夜话，无分尊卑长幼，一谈就是两个多时辰。

梅君之艺术

齐如山

中国戏之避免写实，处处须以美术之方式表现之。兹再论梅兰芳之艺术如下：

未介绍梅兰芳艺术之前，有一层要义是要郑重声明的，是诸君应该注意的哪一层要义呢？就是常听见有人谈论说："梅兰芳装一个女子，就真像一个女子。"这句话是完全错了！这不是恭维梅兰芳，正是不明白中国戏的规矩。中国戏系完全避免写实，怎么可以装女子真像女子呢？其装女子之要点，在以美术化之方式来表现女性，能将此点做到便算好角，否则不但不能算好角，照旧规将不能立足于戏界，所以诸君要看梅兰芳之好处，须看其表现之方式。若谓其真像一女子，则差之毫厘，谬以千里矣！中国戏虽然处处有一准规定，倘若事事按着规矩去做，则不但呆板呆滞，且亦不能成为美术矣！那么要怎样的做法呢？一言以蔽之曰，不出规矩，而要美观，方为合格。梅君的艺术，确系如此。故其歌唱、表情及种种动作，除动中规矩，深合剧情之外，而又各有其极动听之腔调，极美观之姿势。至其生平创作虽多，但毫未出戏中规矩。其所以要创作者，是欲将戏中现存之矩范，发扬而光大之，将已失之旧规，重新提倡而保存之。若谓其只愿迎台下心理，一新观客之耳目，则小视之矣！

中国戏最简单之分析法，系发声、动作两种。若细论之，种类尚多。最普通之分析法，则发声一种，可分为：歌唱、念白两种。动作一种，可分为：表情、身段两类。兹以此分类法，将梅君之艺术介绍于诸君之前。

梅兰芳之歌唱

歌唱之内容是用腔调来烘托，表现该曲文之意义，外面又须顿挫铿锵，悠扬动听，此为歌唱之原理，各国各民族皆同，不必赘述。而中国歌唱有更难者，则系念字一层。中国字向分四声为：平、上、去、入。歌唱时所念之字，必须字字斟酌，照其四声唱出，不许稍微含糊；倘一含糊便算倒字，则无论歌唱多妙，亦毫无价值之可言。职是之故，歌者怕字之念倒也，特用腔调来迁就字音，此法不为不善，但有时字亦不倒，歌亦动听。但其所歌之音节，恒与曲义相反，如曲义为喜，而歌声则悲；曲义为从容，而音节则急促，种种情形尤为大病，因其违背歌唱之原理也。梅君歌唱，则不但念字不倒，行腔亦极斟酌，该使腔之处方使腔，该带过之字便带过，该摇曳的摇曳，该急促的急促，且声声使之动听，字字送入人耳。每演一戏，唱一句，安一腔，必先审此段歌词在该戏中占何地位？此一句在该一段中又占何地位？此一字在该句中又占何地位？如此斟酌方得行腔，故其生平无违背歌唱原理之腔调。至其专走正路，不尚偏锋，无歪腔，无斜调，气口之讲究，收音之斟酌，喉咙之响亮，腔调之悠扬等等，尤其余事，无须赘述者也。

梅兰芳之念白

各国歌唱多不带念白，而中国戏则以歌者皆带念白，且念白之难更甚于歌，故戏界有“千斤话白四两唱”之语。念白之所以难者，因其似歌唱而与歌唱有别，似说话亦与说话不同。念时要有段落，有气势，要铿锵，要顿挫，要紧之字要用力念之，虚衬之字要轻轻带过。梅君念白则段落分得清，气势表得出，主要之句能认真，主要之字能重念，声声使之动听，字字送入人耳，无叫嚣之声，亦无平板之病，无过火之处，亦无呆滞之嫌。至其发音清脆好听，尤为天赋。

梅兰芳之表情

演员有唱念时，脸上须将其所唱所念词中之意义表现出来，此为世界演剧之通例，无待赘述。但中国戏与各国皆不同，盖各国戏皆为写实派，只要演员能将戏中的喜怒哀乐形容得与真的一样，便算佳妙，而中国戏则不然：事事须用美术化之方式表现之，处处避免写实，一经像真便是不合规矩。且喜怒哀乐等各种表情，皆须与锣鼓音乐高低紧慢，处处呼应，所以尤难。其懒惰之演员，只愿呆呆板板地唱念，毫无表情者更无论矣！梅君善于表情之要点，则尽在此。看其于演戏时，不但能将女子喜怒哀乐种种心情，曲曲传出，用能于该女子之年龄、性质、身份、境遇种种不同之处，亦能分析得清清楚楚。且于表情之时，与锣鼓腔调高下疾徐，皆能丝丝入扣，不爽毫厘。此外尚有一要点是，各种表情，无论喜怒哀乐，即撒泼打滚，亦须美观，一不美观便无足取，且不能成为美术化矣。比又真如妇人之哭号，像则像矣，有何美观？又有何趣味耶？梅君表情之时，于此等处尤能特别致力，且是其特长。其所以在国中受欢迎享盛名者，此点乃有极大之助力焉。

梅兰芳之身段

戏中之动作皆须美观，亦各国皆然，而中国戏中之动作则于美观之外，又须避免像真，且须有板有眼，因其纯系舞蹈之性质也。故处处皆有特别之规定，无论行动坐卧，各角有各角之姿势，就是一举一动，手一指，腿一抬，眼一看，耳一听等等，亦不能随便为之。盖快板有快板之举动，慢板有慢板之举动，不但须合拍，且须力求美观，一涉像真便无美术之可言，一经走板更出规矩之外矣。梅君之身段则无像真之点，无处不合于美术化之方式，尤能处处与音乐腔调之疾徐合拍，不爽毫厘。至其姿势之美观，则观者可以目得之不必赘述矣。

真正的演员——美的创造者

欧阳予倩

梅兰芳先生在全国各处一直受着广大群众的热烈欢迎，同时拥有国际间的声誉，梅先生的名字在苏联和其他国家也是响亮的。他在艺术上的成就，和他所得的声誉是相称的，当之无愧的。

梅先生成功的秘诀在哪里呢？主要在于他真正热爱艺术，力求进步，把经过长期的、高度的劳动而获得的艺术成就为人民服务。

做一个演员，必须具备先天的条件。有的人可能成为科学家、政治家、工程师，但不一定能成为演员。所以有许多梨园世家的子弟，也不一定成为好演员。梅先生作为一个戏曲演员，具备了一切应有的条件。但是天赋的条件，绝不能够保证他成为一个好演员，更不能保证成为一个表演艺术家。要成为一个真正的好演员必须经过系统的学习；必须有长期的丰富的艺术修养；总的说起来就是劳动的积累。高尔基说："天才就是劳动。"

刻苦练功

梅先生是从小学戏的，他从过好几个有名的先生，经过严格的、有系统的训练，无论是唱功、做功、武功，在他少年时候，就打好了稳固的基础。他什么戏都爱看，对于各种地方戏都能去细心体会吸取它们的优点，得到很丰富的观摩学习。昆曲，他学习得很多，还很精。他无论学什么都是老老实实，从不丝毫苟且。他学过绘画，对各种艺术品的鉴赏也下过功夫。

他在成名之后，也从来没有间断过学习，吊嗓子、练武功是每天必须坚持的功课。每一个戏——不论是旧有的还是新排的，不到十分纯熟，绝不轻易搬上舞台。到了今天他已经60岁，也从来没有间断过学习和锻炼，每天都还是有一定的功课。就这样数十年如一日。一个爱惜自己的艺术创作、对观众负责的演员绝不甘心炒现饭。即使一个极微细的动作也绝不轻易放过，要求演一次有一次的长进，一次比一次精练，这样才能够不油，这样才能够经常保持一定的演技标准。梅先生演戏是异常细致的，不论是剧本、唱功、做功、舞蹈，他总是经常不断地加工琢磨，反复推敲，以求尽善尽美，这是真正爱好艺术、尊重职业的表现，同时也是忠实地对观众负责，观众也就始终信任他。

继承传统

梅先生继承了京戏悠久的优良的传统，在旦角的表演艺术方面，说他已经吸取了过去许多名旦角演戏的精华而集其大成，这是丝毫也不夸张的。他对传统的戏曲表演艺术能够完全掌握之后，便从原有的基础上有很多的发展。

中国戏曲的特点有唱，有白，有舞，还有占很重分量的戏剧表演（做功），但是这些部分，以前有的戏结合得好，有的戏结合得不好，到现在为止，也还有许多结合得不完全好的。过去我们把角色分成生、旦、净、末、丑等各种不同的类型，彼此之间界线分明，不能逾越。即以旦角而论，青衣和花旦是两个不同的行当，从王瑶卿先生起就很明显地把这两个行当的界限打破了。可是把各种旦角（青衣、花旦、闺门旦、贴旦、刀马旦等）的表演技术有机地结合起来，合理地灵活运用，却是从梅先生开始。表现在他能以现实主义的创作方法，运用他纯熟的表演技术，创造出生动的人物形象，例如装疯的赵艳容（《宇宙锋》）、惊梦的杜丽娘、葬花的林黛玉、撕扇的晴雯；此外，如花木兰、萧桂英、梁红玉、白素贞、穆桂英、薛金莲、玉堂春、虞姬、西施、杨玉环；还有像嫦娥、洛神、天女之类，这些女性，他都能各如其分地赋予以形象。而在表演当中，他能够把歌、舞和戏剧动作结合得天衣无缝，这是新的创造，也是京戏表演艺术新的成就。有些旧的戏，如《宇宙锋》《讨渔税》《游园惊梦》《水斗》《断桥》《玉堂春》等，是许多人都会演的，但由于角色类型的限制、表演程式的限制、演员文化水平的限制、艺术观点的限制，就会使角色的形象不够生动、不够真实，甚至于被歪曲而流于庸俗，最重要的是演员扮演一个角色，必然要欢喜这个角色，要为这个角色的性格、感情和他们的遭遇所感动，然后把他所感动的东西，通过艺术形象去感动观众。如若不然，他的演技就不可能是现实主义的，必然流于形式主义。梅先生是能够用他由衷的感情来演戏的，他所表演的几个有反抗性的女性都很成功，这些大都是旧戏，可是梅先生在几十年的演出当中，曾经不断地反复加以研究，适当地做了修改，去掉了其中某些糟粕部分，把其中的精华更显著地表达出来，这也就是和一般的演出不同的地方。

京剧的表演技术，包含着唱、做、念、打四种。旧时把这四种东西分开，就有所谓唱功戏、做功戏、武戏等等。到了梅先生的一代，一些有才能的艺人，就逐渐把这四种东西结合起来了，但是有的结合得好，有的结合得不大好，梅先生是把这四种东西结合得最好的一个。因为梅先生唱功、做功、念白、武功都经过长期的正规的勤修苦练，所以每一样他都很精通。他的唱功力求切合人物的感情而不过分追求腔调的新奇，所以显得腔圆字正，明快大方；他的做功以细腻熨帖恰合身份见长；他的道白有他独特风格；至于武功，不但步法严整，节奏准确，姿态优美，而且显得出有一种内在的含蓄——这就是说把原有的“把子”加以提炼，进一步成了美丽的舞蹈。同时他在这个基础上，从武戏里，从旦角的各种身段里选出素材，把它们组织起来，创造出了好几种古典舞蹈，如《天女散花》《嫦娥奔月》《洛神》《西施》《霸王别姬》《太真外传》《麻姑献寿》等在舞蹈方面都有新的表现。这样就使京戏旦角的表演艺术更加丰富而有了发展。

梅先生在表演艺术方面的成就和贡献是大的，对于如何接受遗产，如何进行戏曲改革，提供了很好的范例。

演员楷模

梅先生的戏德是值得每一个演员引为楷模的。他是个真正爱好艺术的演员——除了经常不断地用基本练习来锻炼自己，每逢出演的日子必定要把所演的戏温习一番，做好一切应有的准备。演完戏回到家里，他本能地把台上的情景回味一下，演得好便觉轻松愉快——用他自己的话：“睡在床上都舒服。”如果有些不妥当，或是出了点儿小岔子，便感觉沉重，翻来覆去地想。他一到台上就把整个身心放在戏里，从不许有丝毫松懈。他从来不曾因自己有不愉快的事而令观众有所觉察，无论什么时候他总是全心全意对观众负责。他从来不曾误过场，总是很早就下后台。一到后台就找同场的角色说戏。说起戏来他的态度是那么谦虚，无论对任何一个小角色都是异常温和诚恳，从来没有骄傲自满的样子。配角有了错误向他道歉，他总是先安慰人家，再加以教导。他说："如果我生着气对他说话，他下次更会抓瞎。"还有就是他往往和不常在一起的演员演戏，因为彼此路子不同，说起戏来互有出入便搞不到一块儿，每逢这种场合他总是多多少少迁就一些——他以为自己略加改动没有问题，绝不让观众看出毛病。此外梅先生热心爱护同行，爱护和他合作的伙伴，也是人所乐道的。

梅先生最能虚心倾听批评，严肃地对待批评。他经常在艺术实践中研究人家对他的批评是否正确，经常不断改进他所演的戏，这样就可以经常保持着和观众进一步精神上的交流。

如上所说，可见梅先生是一个真正的演员，真正热爱祖国传统的艺术，并以毕生之力卫护着这一传统。还有最重要的一点，梅先生不仅是承继着中国戏曲艺术的优良传统，同时也承继了中国艺人的道德传统。

爱国为民

梅先生是爱国主义者，这是作为一个艺术家必须具备的品质。梅先生承受了中国艺人的道德传统，和为正义而斗争的精神。同时，他不能不受到同时代的许多革命者和进步人士的影响，进一步靠近了人民。

梅先生在抗日战争的时候，他不受敌伪的威胁利诱，留起胡子来，宁愿七八年没有丝毫的收入，也绝不演戏，这显示着他的毅力。新中国成立以前他和进步人士保持着接触没有断过，新中国成立以后他的兴致特别高。他和许多革命青年爱国艺人一起，到朝鲜去慰劳中国人民志愿军和朝鲜人民军，回国来又慰问人民解放军——在露天、风里、雨里，就那么演唱，并随地为炊事员为勤务员演唱。他还到各处为工人农民演出，就这样无保留无顾虑把经过千锤百炼的艺术贡献给祖国的劳动人民。他的艺术也就接触了更广大的群众。只有人民翻了身，艺术才有真正的生命，只有中国共产党才真正尊重民族的优良传统，才真正爱护艺术，真正尊重艺人。他的艺术也只有在人民当家做主的今天才能得到正常发展的机会和有力的支持。中华人民共和国成立以来，他受到人民的应有的尊重，被选为第一届政协全国委员会委员，又被选为第一届全国人民代表大会代表。

梅先生表示今后他要争取更多地为人民服务。他的话是诚恳的。中国戏曲艺术有它远大的发展前途，关于戏曲改革运动还有许多重大的事情要做。相信梅先生必能在中国共产党领导之下作出更多的贡献，人民也就会给予他更大的光荣。

梅兰芳与美

卢文勤

梅兰芳曾说："演戏除了要演得像以外，还要演得美。"的确，美是艺术的特殊目的，若放弃了美，艺术就成了单纯供给知识、宣扬道德或服务于某一目的的东西，就不是艺术。中国戏曲的特点就是通过美化的动作、语言、歌唱，使人潜移默化。梅先生认为，深入角色演得逼真是应该的，但万不可忘记自己在演戏，否则真哭真笑，控制不住自己，就会把戏演砸了。梅先生这方面的表演理论，可以借用齐白石老先生的话来说明——"在于似与不似之间"。梅先生在许多戏里增加了一些实景和道具进行表演，做到虚实结合，情技交融，就是这一表演艺术理论的具体反映。梅先生的这一表演艺术理论，还体现在他如何处理中国戏曲带有愉悦性的特征方面。中国戏曲表演艺术中蕴含着对演员技术的欣赏，带有愉悦性。因为它的剧目大多为家喻户晓的历史故事，即使新编剧目，一经为观众所接受，就会反复地演出。因此，人们往往不太多地去花费脑筋追究这是怎么一回事，或者结果如何，而可以轻松地沉浸在美的享受之中。但这种愉悦性也容易给演员带来脱离人物或临时脱离人物的倾向。比如在唱的时候，不恰当地延长乐音的时值，或无目的地要弄技巧；在武功表演方面，由技巧之优劣常常发展到"以数计艺”“以时计艺”（如走旋子的多少以及扳朝天蹬的时间）。而梅先生则从不脱离人物而单纯使用高超的表演、演唱技巧，这从梅先生舞台演出及录音中的艺术效果即可证知。他的彩声总是在技巧与人物、剧情高度融合之处。例如《凤还巢》一剧中，当程雪娥得知雪雁误嫁丑陋的朱千岁时，念道：“……与我姐姐么！”忽然扑哧一笑。只这轻微的一笑，就赢得满座彩声，使观众沸腾起来，而一般人演到这里时往往不一定有什么效果。

梅先生生前经常鼓励演员要学会辨别精、粗、美、恶。我认为要理解梅先生唱念的美，首先要懂得把它和“嗲”区别开来。通过多年的探索研究，我发觉它们之间的主要区别在于自然与做作、适度与过分、内含与外露等几个方面的不同。不自然的东西总是不美的。人们常说矫揉造作、扭捏作态、搔首弄姿要令人作三日呕，就是因为不自然。关于适度问题，人们也常说一个人体形长得好时，高矮合度、胖瘦适中。增之一分则太肥，减之一分则太瘦。可见太过和不足均是不美的。古语说，过犹不及。从某种程度上来说，在艺术上太过比不足更为危险，常常会得到相反的效果。至于歌声的内涵，可使观众通过歌声的音乐形象诱发想象，从而得到比歌声更加丰富的艺术形象和美的享受。由于歌声的含蓄，引起人们的积极思维，使人们不断地去回想和求索其中不是直感所能发现的内容，因而就产生人们所说的余音绕梁三日不绝、此时无声胜有声的境界。梅先生的唱，初听听不出有什么突出之处，但越听越好听，越听越发觉美不胜收，这正是由于高度的内涵所致。

常听人说梅先生的唱太“平”，我认为如果说“平淡”，倒是说对了。因为艺术最高的境界是绚烂归于平淡，而梅先生的唱正是达到了这种境界。犹如书法中的藏锋敛气，已经到了形式简单、内容丰富的地步。这和他演唱极度自然是分不开的。然而这并不是自然的自然，在美学中叫作第二自然，即所谓人化的自然，而不是真正天生的。它虽是通过高超的技巧所铸成，但要让人听着好像是自然所形成，达到了第二自然的境界。梅先生的唱不但极为自然，并且是信手拈来皆成妙谛。斯坦尼斯拉夫斯基看过梅先生的戏以后说："梅先生演戏每次不同，但又感到似曾相识，是一种有规则的自由动作。"我认为梅先生在演唱方面也是如此。若非艺术技巧到了出神入化的境界，是不克臻此的。梅先生演唱的节奏，在一般难能可贵的快而不乱、慢而不坠的艺术效果之外，还具有一种叫"节奏多变，变而不察"的能力。节奏多变容易，但如果不是变而不察就不是梅兰芳。否则就谈不到自然、大方、稳重、协调。我国戏曲崇尚字正腔圆，梅先生的唱在这一方面既很典型，又富有新意。生活里的字音形不一，因元音不同而口形各异，梅先生经过艺术加工，却能把"姑苏""衣奇""乜斜"等辙口唱得与"江阳""梭波""苗条"一样圆润。这如同意大利美声学派所讲的歌唱时的吐字要像许多珍珠串在一根线上。美籍华裔声乐家司懿贵在上海讲学时就曾说过："中国京剧旦角的唱法就是极好的美声。"所以，我认为梅兰芳的唱法就是中国的美声学派。人们常常赞美好的演唱是刚柔并济，梅先生的唱法是刚柔并济的最好典范。故我们对梅先生唱法上的刚柔并济，不能停留在一般的有刚有柔、忽刚忽柔的看法上。对此，我非常同意梅葆玖同志在《梅兰芳唱腔集》的序言中所做的分析，他写道："……我父亲晚年的唱，如《穆桂英挂帅》的【二六】和【散板】，乍听起来似乎是更加柔和，其实，这是由于他的功力已达到了炉火纯青出神入化的地步，是刚蓄于柔而柔蕴于刚，委婉其外而刚健其中。刚柔已融为一体，听起来就不易分辨了。不注意这一点，模仿我父亲一唱，学其柔则太软，效其刚则太硬，是很难把握要领的。"梅先生演唱时，从不把嘴张得很大。这不仅是因为古代妇女行不动裙、笑不露齿的缘故，戏曲唱表是一种造型艺术，它有着自己的特殊规律。例如，雕塑家在表现古希腊祭师拉奥孔之死时，就把他痛极狂吼改为痛苦地呻吟。因为在雕塑艺术中"人物张大口"远远看上去就是一个很大的黑洞，破坏了艺术的美。梅绍武同志写的《我的父亲梅兰芳》一书，在与王琴生先生的一次谈话一节中，曾讨论梅先生的发音与口形，“梅说：我发现我父亲从来没有张大嘴唱过。现在有些演员好像不大注意这一点了。王说：京剧的口形特别是旦角，不戴髯口尤其要注意。我确实看到现在有些青年演员没有经过严格训练，张着大嘴唱，不美，再一露牙齿，那就更不妙了。梅先生不然，梅先生从来没有张过大嘴，口形很小，可是出来的音却特别厚，因为他的口腔内部开阔，但口形不大，放出来的音达远……”这段话简单而又明确地论证了梅先生的唱法是非常科学的发声方法。人的共鸣器官基本上都在口腔内部，故古代唱法中有关于“内口”的说法。唱戏张口，要张内口。这说明唱戏并不是单单把口腔外形打开就能唱得好并发出好的声音来的。

平易近人　博大精深

言慧珠

梅艺概述

梅兰芳先生是我国卓越的京剧表演艺术家。他一生所进行的创造，丰富和提高了祖国的戏曲艺术，为京剧事业的发展做出了重要的贡献。我作为梅先生的学生，追随老师二十年。遗憾的是，老师离开我们太早。我对老师的唱也知道得很少，但是还是愿意就如何更好地学习和继承梅先生这笔丰富艺术遗产的问题，和广大的戏曲工作者、戏曲爱好者谈谈自己的一些看法和体会，希望师友们给予指正。

梅先生的一生是以艺术为武器，为人民生活的理想而努力奋斗的一生。梅先生所取得的成就，是和他的虚心学习、刻苦钻研分不开的。梅先生既尊重传统又勇于革新，在京剧艺术的各个方面都有所发展和创造。

在京剧艺术领域里，梅先生不保守，不拘泥一格。吴菱仙、乔蕙兰、茹莱卿、路三宝、陈德霖、王瑶卿、钱金福、李寿山、丁兰荪、谢宝云等许多前辈名演员都是梅先生的老师。实际上，他的老师远不止这些，像和他同台演出过的谭鑫培、杨小楼的表演艺术，他都非常热爱；同时，他还向其他剧种吸取营养来丰富自己，像鼓界大王刘宝全先生就是他的师友之一。

梅先生不但精通青衣、花旦、刀马旦、闺门旦这些旦行的表演艺术，还掌握了老生、小生、武生和其他行当的艺术技巧，在表演艺术上融合了诸位大师的优点。因此，在梅先生身上，文武昆乱，唱功、做功是兼收并蓄的。对于他的艺术绝不是简单地模仿所能学会的。这是一个非常艰巨的学习任务。

梅先生的唱，是以大方自然为主，平易近人。听起来好像很平常，但内容却非常丰富，而且安排得十分巧妙。平稳之中蕴藏着深厚的功力；简洁之中包含着丰富的感情。这些特点如果只从表面上去理解，去学习，是很难学到的。想学到家，非下苦功不可。

梅先生的唱，早年是宗时小福一派，同时吸取了陈德霖老先生的唱法，也就是京戏青衣里老的唱法。这种唱法的特点是：常发细高的声音，唱腔直线多于曲线，比较动听。但美中不足的是，这种发音所包含的感情不够复杂多样。后来梅先生又接受了王瑶卿先生的启发，力求字音的清楚，在出字、收音方面下了功夫，突破了原有的唱法。他兼演昆曲以后，变化就更大了。

梅先生说过，一个演员如果没有健全的嗓子，当然不能够吸引观众；有了好的嗓子，而不能掌握“音堂相聚”的方法，嗓子的优点就发挥不出来。所谓“音堂相聚”，就是唱的时候，高音、中音、低音衔接得没有痕迹，每一个起共鸣作用的器官部位都能发挥它的效能。

梅先生不仅有一个好嗓子，同时还掌握了发音的正确方法。所以，几十年来，广大观众都爱听他的唱。他是真正达到了字音清楚、唱腔纯正的地步。他所创造的新腔很多，都是在传统基础上发展起来的，听了使人荡气回肠，心情舒畅。他的念白，也同样是使用歌唱的发音方法，发出足够的音量，使听众听了感觉到既是亲切的语言，又是优美的歌唱。欧阳予倩老师说梅先生是美的创造者。我觉得听梅先生的唱腔和念白，就是一种美的艺术享受。

我认为，学习一个流派必须得其全貌。就是说，应该从它的早期开始，加以分析研究，逐步研究他的发展道路，这样才能够正确地继承。研究唱也是这样。下面我想分早期、中期和晚期三个阶段来谈一谈梅先生的唱。

三个阶段

梅先生早期的唱法是以继承为主的。我们假如欣赏一下梅先生早年演唱的传统剧目《祭江》，就可以发现梅先生是怎样地尊重传统，接受传统，打好基础，从而在艺术道路上循序渐进的。梅先生演唱的《祭江》，行腔吐字很接近陈德霖的唱法，刚多于柔。《祭江》里的一段（二黄慢板），唱词是："想当年截江事心中悔恨，背夫君撇娇儿两地里离分，闻听得白帝城皇叔丧命，到江边去祭奠好不伤情。"其中"心中"的"心"字，"悔恨"的"恨"字，"夫君"的"君"字，"两地离分"的"分"字，唱得简洁而有力，真像金石一样的结实。这一段字字铿锵，行腔工整，完全合乎青衣传统的规矩，和陈德霖先生的唱法是很相近的。

这段唱，可以代表梅先生早期的唱以刚为主的特点。梅先生为什么在这一时期着重地继承传统呢？梅先生自己说过："艺术的创造必须在传统的基础上进行。一个演员如果眼界不广，没有消化若干传统的艺术成果，自己就不可能具备很好的表现手段，也就等于凭空创造。这不但是艺术进步过程中的阻碍，而且是危险的。"

到了中期，梅先生的唱腔就由简而繁了，而且为了适应唱腔的发展，在唱法上也进入了刚柔相济的新境界。这就不能不谈到梅先生创造的许多新戏。

梅先生在年轻的时候就学习了昆曲，并对绘画、舞蹈等各种不同的艺术形式做了研究。在这个基础上，他创造了《天女散花》《嫦娥奔月》《麻姑献寿》《太真外传》等新戏。

为了适应新戏的需要，梅先生首先不断地发展和丰富京剧曲调。例如在《嫦娥奔月》里，梅先生为了表现嫦娥在酒后感到独居广寒宫的寂寞，向往人间的幸福，首创了最富于抒情性的【南梆子】。【南梆子】原是从梆子里移植过来的，经过梅先生唱出来以后，就完全京戏化了，现在则已成为京剧的传统的曲调了。在早期的【南梆子】里，我们可以听出梅先生采取了一些小生腔调，唱腔方面直线多于曲线，刚多于柔。

梅先生不但创造了【南梆子】这一京剧的曲调，而且在运用上也非常灵活。像在《霸王别姬》这出戏里，他又用【南梆子】表现了一种苍凉的情绪。我们一听到“看大王在帐中和衣睡稳，我这里出帐外且散愁情……”立刻就会想象到荒漠的古战场，悲凉的秋夜，虞美人独步月下忧郁、惆怅的心情，以及那种诗情画意的意境。而在《王春娥》这出戏里，梅先生又创作了另外一种风格的【南梆子】，用以表现欢乐惊讶的气氛。王春娥眼看已经死去了13年的丈夫，突然间活着回来了，又惊又喜。梅先生在这里安排的【南梆子】用了几个高音和比较花哨的唱腔，把剧情一下子推向高潮。从这三出戏里可以看出，同是【南梆子】，但三者的效果却完全不同。

在梅先生设计的新腔里，一、二、三、四本《太真外传》的创造特别丰富，其中以头本“出浴”的【反四平调】最有代表性。“听宫娥在殿上一声启请，我只得解罗带且换衣巾”这一段，无论在节奏上，在吐字行腔上，还是在高低繁简上，变化更多，给人以无限美感的音乐享受，恰当地表现了“春寒赐浴华清池，温泉水滑洗凝脂”的优美境界。这一时期梅先生的唱腔是由简入繁。

梅先生创造的曲调很多，不能一一介绍。

为什么任何一种曲调和唱腔，只要经梅先生唱出来，立刻就风靡一时，群起效仿？为什么梅先生所创造出来的东西那样受欢迎呢？这是因为：首先，梅先生遵循他自己所发现的艺术革新的规律，既尊重传统，又尊重前辈的艺术成果和劳动，吸取前辈的艺术精华来充实自己，按部就班，循序渐进；其次，梅先生很尊重群众欣赏习惯，能适应观众的需要。由于梅先生正确地认识了继承与革新的辩证关系，而不是凭空臆造，闭门造车，所以他设计出来的新腔，既新颖而又不脱离京剧风格，很快地就为广大的观众所接受。

另一方面，为了适应唱腔的发展，梅先生在唱法上也进入了刚柔相济的新境界。这个时期梅先生的嗓音更趋于圆润，更富于水音。他利用自己的特殊发音才能，把原来在语音上发音类型不同的字，通过艺术加工，高度统一起来。无论是张口音还是闭口音都唱得同样响亮、圆润，听起来真可谓低音如珠走玉盘，高音可响遏行云。比如，梅先生中年的成名作之一《生死恨》里《夜纺》那段【二黄】，他唱得缠绵悱恻，是有口皆碑的。这段【二黄】唱腔，由【导板】【摇板】【回龙】【慢板】【原板】组成，布局别具一格，结构与一般戏的唱腔截然不同，而听起来又是那么熟悉入耳。唱腔的高、低音安排得非常恰当，哀婉的地方如泣如诉，猿声鹤唳；高亢的地方声如裂帛，慷慨激昂。这段唱是“江阳”辙。梅先生的开口音、闭口音唱得都很响堂。“初更鼓响”的“响”字和“有谁知”的“有”字，梅先生唱得几乎是同样的圆润清脆。这就是由于梅先生把咬字与行腔科学地结合起来的缘故。梅先生能把所有的字音都保持在一个最大限度的共鸣位置上，所以任何词句到了梅先生嘴里，都分不出什么圆的、扁的、长的、窄的。

俗语说“千斤话白四两唱”。在念白方面梅先生的功力也很深。例如京白，梅先生是吸取了王瑶卿先生念白的精华，结合自己的天赋加以创造，形成了梅派京白独特风格的。记得有一次，梅先生听了我念《穆天王》的京白，就对我说：“你是在学王瑶卿先生。学人不可以断章取义，抄近路。从王先生晚年声音上去模仿，这是不对的。应该勤勤恳恳学习王先生的特点，再结合着具体人物、剧情，念出来才有感情。这个时候的穆桂英只有十几岁，是性情豪爽、英武过人的小姑娘，要念得甜、爽、脆而妩媚。”

在韵白方面梅先生也是很有研究的。比如，在昆曲《游园惊梦》这出戏里有这样一段韵白：“蓦地游春转，小试宜春面。春呀，春，得和你两留连，春去如何遣？恁般天气好困人也。”这段韵白梅先生念得好极了。两句五言诗不仅段落分明，而且两句之间似断而连。“春呀，春”这两个“春”字念得又清晰又响亮，充分地表现出了杜丽娘的“我欲问天”的心情。接下来的三句略有停顿，音节之间仿佛给人以辗转深思的味道。正因为这几句念白不但念得动听，而且传神，简直把杜丽娘伤春的感情完全表达出来了。所以每次念到这个地方，台下总是鸦雀无声，连他在叫板之前轻轻地叹的那一口气，观众都能听得清清楚楚。

梅先生晚年的唱，达到了炉火纯青的境界。他晚年最后排演的一出戏是《穆桂英挂帅》。这出戏几乎是没有新腔，更没有炫耀新奇的地方，就像齐白石的画一样，绚烂而归于平淡，假如深入欣赏，就很容易发现内在丰富的蕴藏。在用气方面，不像他年轻时候的放多于收，而是“收放兼施”。就像国画书法那样讲气韵，意到笔随，甚至于有的时候意到笔不到；有些地方唱得特别古拙，又有些地方一笔带过。这样，就给予观众极大的想象。比如“挂帅”里有这样一句“难道说我无有为国为民一片忠心”，“忠心”两个字唱出了二十年抛甲胄的女英雄一旦重上战场时候的雄心。梅先生提足了丹田气，用立音唱得高可入云。又如“我一剑能挡百万兵”的“兵”字，其实是一个普通的腔，这种腔在【西皮】的戏里是常见的，但是梅先生在这里却唱出了千军万马的气势，充分抒发了穆桂英当时的激昂感情。又比如“挂帅”中的警句“我不挂帅谁挂帅，我不领兵谁领兵”，一个“帅”字，还有一个“兵”字，用的是巧劲儿，不是拙劲儿。这些可以代表梅先生晚年唱法上的特点：古拙、朴素、淡雅、醇厚，这是艺术上最高的境界。

以上我介绍了梅先生三个时期的唱法，最后我把它归纳起来用书画来比喻一下：早期的唱法是正楷，中年是行书，晚年是草书。以上所说的是我个人的一点儿粗浅的体会，是不足以说明梅先生的演唱艺术的万一的，甚至于有许多错误和不足之处，希望师友们给予指正。

第二辑

梅兰芳游美记：他山得共鸣

游美的动机

齐如山

这次游美的动机，是起于徐总统世昌与美国公使芮恩施（Paul Reinsch）饯别时，芮公使在席上演说中有几句："若欲中美国民感情益加亲善，最好是请梅兰芳往美国去一次，并且表演他的艺术，让美国人看看，必得良好的结果。"当时在座诸位大人先生们听了这话，大多数异常的惊讶，以为他有意开玩笑，芮公使又说："这话并非无稽之谈，我深信用毫无国际思想的艺术来沟通两国的友谊是最容易的，并且最近有实例可证：从前美意两国人民有不十分融洽的地方，后来意国有一大艺术家到美国演剧，竟博得全美人士的同情，因此两国国民的感情亲善了许多。所以我感觉到以艺术来融洽感情是最好的一个方法。何况中美国民的感情本来就好，再用艺术来常常沟通，必更加亲善无疑。"

这一套话在当时的诸公听着，不过以为或者有点可能性，并没人来提倡实现，惟独叶玉虎先生颇以为然，特来告诉我，我一听，便以为芮公使这话极对，深信若能这样做，不但可以融洽两国的感情，并且可以沟通两国的文化。我这话在表面看来似乎太武断，然而却也有个原故，因为我深信中国剧可博得美国人的欢迎，并且可在世界上占一席地位，同时又深信梅君的艺术也可得到欧美人士相当的赞许。既然有这两点可以相信，那么他若到美国去表演，当然能够成功。既能成功，对梅君、对中国剧、对两国国民的感情，三者必都有极大益处。

自从有芮公使这一段议论触动我以后，竟引起我极大的兴趣来。梅君虽也怦然心动，极想出去一游，但他总是谦逊，怕自己本领不够。然而经我常常的鼓动，后来他也有了极大的兴趣。至此，我就决意要把这件事情办成。凡有我认识的美国人和由美国回来的留学生，只要在可能的范围内，我便各方向他们探询美国方面的情形，彼邦人士的心理及他们对中国戏的意见。又恰巧这几年里头，美国的世界游历团或单人来中国的很多，每逢来到北平，差不多都要来拜访梅君，梅君也必极诚恳地招待，也算是尽地主之谊，也算是国民外交分内的事，并且特别演戏请他们听，请他们批评。演完之后总要设法问他们对于中国戏的真意见。大致他们对于别的地方并不多议论，对梅君的表情姿态都极赞美。这也是游美计划能够实现的一个大原因。

同时又用了很多方法到美国宣传，如与那里新闻界、杂志社通信、寄相片等等。经这一番宣传后，接着得到很多美国欢迎的回信，并且还有很多地方写信来约请，要订立合同——不过都含有买卖性质很大，所以没有交涉成功——但经过这种种的交涉后，游美的兴趣更觉浓厚起来。

正在这酝酿的时候，又得到燕京大学校长司徒雷登博士（Dr.Stuart）极力帮忙，替我们在美国宣传布置。同时傅泾波君也帮着给美国写信。这样一来，我就腾出许多工夫来专筹备各种别的事情。前后约用了两三年时间，才算稍稍地有点头绪。

既然一切事都有些准备，似乎可以动身了，谁料到款项又费了大事呢！这正是千钧一发的时期，能不能动身就全在这最后一关能不能过去了。当时我们到处奔走设法，梅君意志是非常坚决，他曾说过：“就是破了产，我也要到欧美一游。”他既然有这样的坚定精神，真所谓有志者事竟成了。后来，全由李石曾先生极力提倡，并约请司徒雷登、周作民、钱新之、冯幼伟、王绍贤、傅泾波、吴震修诸公出来，在经济筹措方面帮助，居然能够出了国。回想我们上了海船，四面茫茫大水，遥望着渐渐远别了的祖国，虽稍感到一点怅惘，但当时那种喜悦痛快的意味，却是笔墨所形容不出来的。

这就是游美以前的经过。为此事虽然极力经营筹备，各处求人，费了五六年的工夫，可是从来没有在外面发表过一次，因恐怕事不成功，白嚷嚷一气，反惹人嘲笑。

现在既然成功回国，要作一个稍有系统的报告，所以我在后面再一条一条较为详细的写出来，让后来有志出国宣传中国艺术的脚色们看了，作为一种参考书，那就是我对于戏界的一点小小的贡献。

欧美人士与梅兰芳

齐如山

欧美人士向来不看中国戏——在前清时代，西洋人差不多都以进中国戏院为耻——我尝以为这是件憾事。在民国四年的时候，我与梅君编了一出《嫦娥奔月》，这戏的前半出仍用旧格式，后半出就用极干净的华美的场子，设法创制古装，并代为参酌古舞，安置了几种舞的姿势。梅君把种种舞式做得异常袅娜美观，出演以后极博舆论界的赞美。友人吴震修君对我说："以后有给外国人看的戏了！"

不久，留美同学会公宴美国公使芮恩施君于外交大楼，并约梅君表演《奔月》的后半出。看过之后，芮恩施公使及留美诸君都极赞美。芮公使特到梅君家中拜访了一次。这可以算是西国人士观中剧的头一遭。

后来又编了几出，如《天女散花》《霸王别姬》《上元夫人》等戏，把古时绶舞、散花舞、剑舞、拂舞等安在里面，也极博得中外人士的欢迎。从此遇有喜庆堂会，每逢有梅君的戏，欧美贺客必要一观，并且因为时间的关系，他们往往要求将梅剧提前，更都以与梅君一握手为快。

法国安南总督到北平来想看梅剧。美国驻菲律宾总督某君来平之前，也曾给美国驻华公使馆一个电报，说："到平后，一定要看一次梅剧。"于是外交部特在外交大楼宴请这两位总督，并且特约梅君演剧。二公看着非常满意赞美。演完以后，曾与梅君作长时间的谈话。

瑞典皇太子（S.A.R.Prince Gustavus Adolphus）来平后，也愿一观梅剧。外交部本想公宴他，但是皇太子却预先声明："不赴公宴的。"于是费了许多周折，最后才议好，由梅君请他到梅宅茶会，并且特演一戏请他批评。皇太子本身是个大美术家，赞美不已。

以后印度大文豪泰戈尔到平来，也必要看看梅剧，特请梁启超、林长民二公介绍。结果，梅君的艺术竟使这位大文豪异常钦佩。

从此后，梅剧声名震动了西洋人的脑海。于是平、津、沪、汉各处的外国人，也没有不想看看梅剧的了。并且每逢梅君在戏院出演，也一定有许多外国人来看。后来恰巧美国有几次游历团来平，都把"观梅剧"一项，列在游历课程以内。从此"梅兰芳"三字，在欧美人脑中的印象一天比一天深了。

欧美人士既然看梅剧以后颇感到兴趣——然而起初非在堂会不看，并且非古装戏不爱看，后来渐渐无论什么戏都可以看，而且也常进戏园看戏了。从前是只看梅兰芳的戏，后来也有看别脚的戏的了。由此欧美人士对于中剧的趣味更觉深了一点。且有许多西洋人来研究中剧，如法国某君更立了一个会，要改良中剧，因这时各国对于中剧已经一天比一天的注意。十几年以来，洋文报纸也时有对中剧加以批评。各国对中剧讨论的出版物也日日增加，单就我个人所见到的已经有几十种，推想那未看见的更不知有多少。虽然不敢说这些书中都是恭维中剧的论调，但是他们大多数人注意到中国戏这一层，是敢断言的了。并且听说这类的书籍在各国销售很广，这足见未到中国来过的西洋人，也有很多注意中剧的。至于他们对中剧表同情与否，姑且不管。既然外国注意中剧者大有人在，那么拿中剧到外国去表演，也就算不了什么极新鲜极奇怪的事了。这也是我怂恿梅君及中剧出国的一个大原因。

自从美国芮恩施公使及瑞典皇太子亲访梅君，及法美两总督约谈以后，驻华各国公使都曾来访谈。尤其英国蓝博森公使感情更好。梅君每次到上海、广州等地方，各国领事也都约宴，其中香港总督对梅君更特别诚恳。并且凡各国到平来游历的政治家、文学家、美术家、实业家以及游历团等等，更无不托使馆或本国绅商介绍，去访梅君一谈。大致外国人到北平来，都把故宫、天坛、长城、访梅君、观梅剧，作为同等必要的游程。我与梅君对于这些来访的人，也都尽力招待，一则可以尽国民外交的义务；二则借用这种机会做出国演戏的宣传，所以对来访的人或请茶会或约宴饮。十几年来，这种局面大小约有八十余次之多，被招待的也有六七千人。并且每次招待时，外交部也定派官员来指导，帮助一切。自政府南迁以后，驻平的外交官员仍来助理，尤其是交通部路政司司长刘竹君先生，更热心地帮同招待，接洽宣传。

至于每次招待方法，一切用具都纯粹是中国古式的。菜蔬茶点都用中国极精美的食物，杯、盘、盏、箸以及屋中的点缀品，更无一处不用中国式的，尤其要选择最可表现中国精神古雅高贵的样式。因为这样可以使西宾眼光一新，比较容易留点深刻的印象。壁上书画总要悬挂墨笔山水、写意花卉，因为借此可讲解中国戏剧。按说图画必须像真，这是世界公认的学说，亦且是毫无疑义的道理。然而中国的绘画，不大讲像真，专注意用笔，这大概是由像真进一步成为美术化了（此非题内之文，恕不详论）。中国戏也正是这个道理，一切举止动作、言谈表示，都是由像真演进为美术化。又因欧美人士数十年来，颇注意中国书画，所以借此来解说中剧，更易了解。除此之外，又将十余年来搜罗到关于戏剧的图画陈列出，请他们看并为之解释说明。大家听了大致都首肯，且颇感兴趣。所以他们回国以后，都常来信联络感情，对于梅君赴美一层尤其热心，有代为筹划的，有代为布置的，都极愿尽这义务。这也算是招待外宾的一种成绩，然而所费的精神、时间、金钱也就不可计算了。

事前的宣传

齐如山

事前之宣传，是往外国去演戏最要紧的一种工作。我们对于这种工作曾预备了六七年的工夫。起初虽然免不了盲目的徒劳，但日久之后，渐渐就有了经验，所以也颇生效果。

我们的宣传法就是每逢招待外宾时，总要把关于戏剧的图画书籍陈列出来，请他们看，并且都给他们详细地解说，使他们发生兴趣。除此以外，每到吃饭时或喝茶时，必要对他们细说在戏台上吃饭、饮茶的姿势，由此引申到舞台上一切动作，及其所以然的理由。他们都静静地听着，有时眼里充满了好奇之光，有时脸上露出些惊讶的神气，有时恍然大悟，有时惊喜非常，总之他们对于中剧的神情无论真懂与否，总是感到很大的兴趣。在我们的本意也正希望他们能发生兴趣，留有深刻的印象，等他们回国去，在茶余酒后，述与他们的亲戚朋友们听，作为谈话的资料，这样就间接地替我们宣传了。而且我相信这种无意的宣传所生的效力，比那正式的鼓吹要普遍得多！

此外，也时常给驻各国的官绅通信。在留学生里也有许多热心这件事的，我们不时供给他们材料，使他们给报馆通信宣传。

在两三年前又请了二位美国人，每月酬以微资，他们时常与美国各报馆通信。在每封信里更附上梅君一两张相片，这种宣传法也颇生效力。以后就常接到美国通信员的来函，大概都是说，以后有材料可以直接给他们寄去，他们愿意极诚恳极热心地代为宣传。也有说自己手中有多少报馆，宣传力比别人大一类的话。我们因此也就时常给他们直接寄些材料去。

最近两年，由美国来信要梅君相片的越发多了。每年只算印相片费，大约在四五千元以上。据朋友调查说，美国登过梅君消息的杂志，只他见过的就有几十种，此外未见的还不知有多少。但寄到梅君家里的杂志，不过三十余种而已。

在这两年中，美国以个人的名义来要相片的信总有几百封。由此可知美国社会中，注意梅君的人已经很多了。这也是宣传渐渐发生效果的一个明证。

剧本的选择及编制

齐如山

既是出国演戏，剧本当然很要紧，所以七八年以来，对这层工作就很注意。凡有熟悉外国情形的留学生和到中国来的外国人，在可能的范围内，我总要用最诚恳的态度，设法请教他们，并且问他们哪出戏最宜在外国演唱。虽然各人有各人的意见，然而久住在中国的外国人和初次来的外国人的议论，显然不同，可是我相信久在中国的外国人说的不大可靠，因为他们已经染上了一点中国习惯，他们的眼光和议论，无形中都带了中国色彩。自从我有了这种感觉，每逢游历团或单人初次来平，我就在他们所看过的戏里，问他们哪一出最好？日子多了，就渐渐找到几出多数人赞成的戏来。我就把这些戏开出一个单子，以后就按着单子请人看，并且暗用投票的方法，有人赞成某一出戏，我就在某出戏下面画上一个圈子。五六年以来，经过很多人的议论，大概比较多数赞成的，是下列的几出戏：

《霸王别姬》《贵妃醉酒》《黛玉葬花》《佳期·拷红》《琴挑·偷诗》《洛神》《思凡》《游园惊梦》《御碑亭》《晴

雯撕扇》《汾河湾》《虹霓关》《金山寺》《打渔杀家》《木兰从军》《天女散花》

以上是关于梅君的戏；

《群英会》《空城计》《捉放曹》《青石山》《打城隍》

以上是关于别人的戏。

以上各戏，既然经多数人赞成，我就把它们都整理出来。为什么要重新整理呢？因为对时间的长短，曾斟酌了很多次，有许多人说："时间不要太久，每晚顶多不得过两个钟头，并且要演三出：头一出必要梅君，末一出也须梅君，中间夹别人一出。这样办法，则梅君不至于太累，二来使观众眼光一新，更可以引起兴味来！"所以把选定的剧本，都按这个时间改编了一回。编完以后，去请教张彭春君。张君说："《刺虎》这出戏非演不可，因为它不但是演朝代的兴亡，并且贞娥脸上的神气变化极多，就是不懂话的人看了，也极容易明了。"我极端赞成这话，赶紧又把《刺虎》改编好。张君又说："恐怕每晚得有四出才好，为的是变化观客的眼光，使他们不至于感到厌倦。可是戏码一多，时候太久了，怎么好呢？能不能把梅君的各种舞抽出来，单演一场？那样时间不过几分钟，观客的精神就觉得活动多了。"我说："这当然可以——其实宋元时代的'艳段'，也就是这个意思！"于是把各种舞又改组了一次：

杯盘舞（《麻姑献寿》）拂舞（《上元夫人》）袖舞（《上元夫人》《天女散花》）绶舞（《天女散花》）镰舞（《嫦娥奔月》）剑舞（《霸王别姬》《樊江关》）刺舞（《廉锦枫》）羽舞（《西施》）戟舞（《木兰从军》《虹霓关》）散花舞（《天女散花》）

把以上各段的时间都安置好了后，又来请教梁社乾君。梁君问我：“梅君能不能踩跷？”我说：“能！”他又问：“你有什么证据准保他能呢？他不是没踩跷上过台吗？”我说：“他能踩跷是毫无疑义的。在宣统三年和民国元二年的时候，梅君常踩着跷和茹莱卿、王蕙芳在院子里打把子，天天打两三个钟头，我是常看见的，不过因为他自己身量太高，又有身份的关系，所以在台上没有踩过。”梁君说：“既能够踩，好极了！那么《辛安驿》这戏，在美国非演不可！因为这出戏场上的变动极多，演员的神气也屡次变化，美国人看着一定容易明白，觉得有趣味。”我说：“在外国踩跷，恐怕惹起本国人的反对来！”梁君说：“不相干！西洋近来最时兴的企足舞，就是用脚尖来跳，这种性质和踩跷差不多没分别。”我想了想也很有理，于是把《辛安驿》又改编了一次。

剧本一层，到这里才算大致规定。可是每出都是编成又删，删后又改，前后改过了十几次，只是写字一层，就有几十万了。

排　练

齐如山

剧本编好了以后，还要排练。因为这些戏，大家虽然都是熟的，不过改编以后的词句，比旧的减少了好多，或者也有加添的地方，与旧本子不同，况现在演戏有一种通病，正脚很肯卖力气，配脚总是懈怠，末了闹的全剧没有精彩。不过这只是一种毛病，并不是戏剧的原则如此。所以这次出国的演法，不但正脚在表情上要多加注意，连配脚也须体会戏情，努力表演，谁也不可松懈偷懒，必要使全戏精神紧凑才好，所以大家非重新念词不可。而且一出戏用的时间，编戏人算得不准，只是估计个大概，非得排练排练不行。于是把出去的脚色约齐了，天天在一起排练几个钟头，各人可以自由参加意见，只要大家赞成，就完全容纳。如果觉得戏词太多，就减几句；若太少，就添上几句，总要把词句、腔调、过门、锣鼓、排子、身段，都详细地安置妥当。并且要规定的与时间合了，就连开幕前，闭幕后，应该有什么音乐，要长的？还是短的？都要斟酌安排好。因此一出戏，总要排几十次。20多出排起来，就用了半年的工夫。

排练的时候，自然是梅君最累，但是别的脚色和场面一点也不轻松。不过大家都非常高兴，聚精会神地研究，这位说："这个过门不合适。"那位说：“那个锣鼓不对味儿。”一起商量怎样改动，总要安置得尽美尽善了才算完。但这正是照规矩，因为现时的场面偷懒的很多，不按旧谱，只随便打一个牌子，往往与剧情不合。所以此次有改动的地方，并不是新的随意的创作。现在回想当时大家提着精神排戏的那一种乐趣，好像还在眼前！

我们中国人组织团体到外国去的，往往要闹点笑话回来，所以对人员的排练也颇要紧。

在未出国的三四个月以前，就常把大家约到一处，演说外国的情形，如火车轮船上的规矩，街道上的违警章，旅馆里的章程，以至吃饭穿衣，一切零碎事情，都要使大家注意。单说吃饭一项，就排练了几十次：有时候在撷英番菜馆，有时在德国饭店，差不多天天排完了戏，就去排吃饭，教给他们刀、叉、匙怎样用，面包怎样拿，各种菜怎样吃，汤怎样喝，水果怎样削。起初只要寻常的菜，以后也要特别的菜，为的使大家练习着吃。并留神吃饭的时候，应该互相帮助的规则，或是旁边有女客，就应该怎样的帮助法。

以上是排练的种种情形。至于讲演，不但我自己说，还时常请熟悉外国情形的人来讲，也常请人来在一处吃饭，为的是使大家看那吃饭的姿势。又请了傅泾波诸君来尽义务，教大家英文，并详细地说明了一切应对进退的小礼节。这样排练，也有半年的工夫。好在这次去的人数不多，除梅君以外就是：

王少亭、刘连荣、朱桂芳、姚玉芙、李斐叔、徐兰沅、孙惠亭、马宝明、霍文元、韩佩亭、马宝柱、何增福、唐锡光、罗文田、李德顺、雷俊

大家都非常自爱，对于各种事情都极注意——就是一件极小的事，也很留神。所以这次出去，并没有见笑于外人的地方。

旅　途

齐如山

这次出国，一共有二十一个人，乘的是英国船“坎那大皇后号”（Empress of Canada）。梅君住特等舱位，带一客厅及澡房，船主特别优待，将左右两间也划归梅君应用，共合美金五百五十余元。我们几个人就乘头等舱，按规矩头等舱本是两个人一间，这次却一人一间，也是优待的意思，每人合美金三百五十元。其余各脚有乘二等舱的，每票合美金二百三十五元；有乘三等舱的，每票合美金一百七十五元，但虽是三等票，住的却是二等房间，尤其优待。船是走得极快，一共走了十四天，就到维多利亚埠，由那儿再换小船往西雅图（Seattle），也不过走了五个钟头就到了。

美国火车最优的座位只是头等，并没有特等，梅君不过是特别一间包房就是了。由西雅图到纽约的通票，每人合美金一百零九元。先乘大北铁路公司车到芝加哥，该公司特给挂了一车，并特派路员随行照料，所以一路上极妥帖舒适。车行三天多，就到了芝加哥。路间曾经过落基山，满山都是白雪，峰岭极峻险。到芝加哥后，又换中央铁路公司车往纽约；可是大北公司的路员仍旧随行照料，他们不但替管理行李，就是有什么事也代我们接洽，所以我们非常省事。车走了二十七个钟头，就到纽约。至于一切行头箱子就装了一个铁皮车，一直运到纽约。我们在车上吃饭，每人不过一汤一菜或再加一点点心，三样合起来，约有美金一元有余，但是已经足够了，因为美国菜给的特别多。比如牛肉扒，每份须用一磅半牛肉，别的菜也大致如此，所以美国人吃饭，大概是每人一样菜，再加点点心就够了。我们起初并不知道这种情形，第一次在车上吃饭时，同桌四个人，堂倌来问："吃什么菜？"梅君说："我想吃牛肉扒！"大家说："那么四人都要一样的，岂不省事！"于是要了四份牛肉扒，谁知等到端上来，只四盘牛肉已将桌面占满。梅君说："这仿佛是动物园里喂老虎的东西了！"结果，四人共总吃了不过一份，其余三份都剩下了。这种牛肉扒，每份约合美金七角五分。

在纽约演完后，仍乘中央铁路公司车赴芝加哥，仍是特挂一车，并特开到内加拉城看内加拉大瀑布（Niagara Falls）。该车就在内加拉站停留一天，车票并没有加价，只收一天的车租；一天不过合美金八元，真算是便宜。该车停在站外，一切自来水、热气管、电灯等都极完备；因为各站地下都有这种机关设备，车到的时候只须将线或管子接上，一切就用之不尽了，这种设备可算极完备了。由纽约到芝加哥共用二十余点钟，不过因为我们要往内加拉站，便到美国北边界参观，所以在内加拉站停留了八点钟，因此由纽约到芝加哥共用了三十余个钟头。

由芝加哥到旧金山，乘的是南太平洋铁路公司的车，须用三天一夜。车经过落基山时，风景极佳，有时天气严寒，还有积雪，有时却满山满谷都是花果缤纷，已是初夏风景了，与美国北境的落基山，情景判若两个时节。

由旧金山到罗森（Los Angeles）亦乘南太平洋铁路公司的车，每人约合美金十九元。约行二十五点钟，一路都沿着太平洋水滨走，远望一片汪洋大水，泛泛无际，与天色连起，非常美丽。

由罗森到檀香山时，买的是日本轮船公司船票。由旧金山到上海，梅君的特等舱，亦约合美金五百余元；我们的头等舱，合美金二百九十元；其余各脚住的二等舱，合美金一百九十余元，三等舱合美金九十余元。但是虽然买的通票，可是由旧金山先乘大洋丸到檀香山，在檀香山演了十二天戏，演完戏又乘秩父丸回国。大洋丸是旧船，走得颇慢，共用了六天的工夫。船虽然很旧，却仍极洁净，饭厅尤其高爽。秩父丸是日本最新的船，一切组织设备，都照新式船的方式，航行极速，由檀香山起身不过用了七天的工夫，就到了上海。这两个船都非常优待，一切饮食可随我们的意思更换；无论日本饭或中国饭，都颇适口。

以上是乘坐轮船铁路的大概情形。

居住情形

齐如山

现在说说住旅馆的情形。在纽约时，我和梅君等四五人住普拉擦旅馆（Plaza Hotel）。这个旅馆在纽约可说是头一名，开办的年代最久，又因为靠近公园，所以空气极好。梅君住特别房间，带一大客厅，每天合美金三十余元；我们的房间，每人每天合美金八元。但是因为普拉擦旅馆是旧式房屋，所以每间颇大。其余脚色，住索美斯旅馆（Somerst Hotel），每人一间，若遇到大间，就两人住一间，每人每天约合美金二元不等，招呼的也颇周到。但是所有的旅馆里，都没有伺候的人，客人若想做什么事，或要些什么东西，就给柜房打电话，自然会有人来；但是每来一次，至少须给美金两角半；若梅君就至少要给半元，甚至一二元不等。所以只这种用费，每天也要花几元。

各脚都在一个华侨所开的饭馆（名颐和园）里吃中国饭。每顿共开两桌，每人约合美金一元。总之，各脚连住旅馆带吃两餐饭，每人每天约用美金四元。我们平常虽然在饭店吃，但也时常到颐和园去吃，这大概是有吃中国饭的习惯，总觉得比西餐好吃得多。

过了三个星期，我和梅君等因为普拉擦旅馆离戏院稍远，所以又迁到纽约克旅馆（The New Yorker Hotel），这是最新的一个旅馆，一切组织都是最新式，比普拉擦旅馆又方便多了，但房间都比普拉擦小了许多。梅君住的还是特等，带一客厅，每天合美金二十来元；我们住的，每天每间合美金七八元。在华盛顿住的花园旅馆，亦系华盛顿的第一旅馆。只住了一晚，不必详细说了。

在芝加哥，我们几个人住斯婵芬旅馆（The Stevens Hotel），这是世界最大的旅馆，共有客房三千多间。梅君住特等房，带一大客厅，这是一间很有名的房子，如南极探险家拜尔德君（Byrd）和在最短时间首次飞渡大西洋的林德贝尔格君（Lindberg）等人都住过；所以这次旅馆主人，特请梅君也住那间，不但表示对梅君的推崇，并且也要将那间房造成世界知名的房间。并将房价特别减少，每人每天约合美金二十来元。我们所住的，每间每天要美金六七元。其余各脚，就住帝尔博恩旅馆（Dearborn Hotel），这旅馆离戏院很近，每天来往方便。每人每天要美金两元。吃饭就都在福州楼，因为是侨胞所开的，所以也是吃中国饭，价钱与纽约略同。

在旧金山，我们住费尔孟旅馆（Fairmont Hotel），这旅馆坐落在山顶上，空气很清爽。梅君的特等房，每人每天美金二十来元；我们住的，每天合美金六七元。各脚住华盛顿旅馆（Washington Hotel），每人每天约合美金三元。都在醉月楼吃中国饭，每天两顿，每人约用二元。这旅馆的点心颇好。

在罗森（Los Angeles），梅君和我虽然住在大明星飞来伯家里，但在剧院隔壁的俾尔谟尔旅馆（Bihmore Hotel）里仍留房间，以便接洽各事。梅君所住的房间，也带客厅，每天美金二十二元。别人所住的房，每天约美金八九元。各脚就住圣喀罗旅馆（San Carlos Hotel），也靠近戏院，每人每天约美金二元。他们吃饭就在侨胞所开的乐观园，仍用中国饭，菜都极适口，价钱也不贵；并且主人非常和气，各脚可以任意改换食品，没有不可以通融的，每人每顿不过一元。可是这饭馆离旅馆稍远，若吃一顿饭，来回乘汽车，每人每次来回的车费，约美金五毛。

在檀香山，梅君和我们几个人住夏威颜旅馆（Royal Hawaiian Hotel），地靠海滨，风景极优美，空气极清爽。梅君住特等房，带两间客厅和一个露天台，每天美金二十余元。我们所住的，每间每天合美金七八元。各脚就住剧院对面的布来四得尔旅馆（Hotel Blaisdell），每人每天亦合美金二元。吃饭在侨胞所开的中华楼饭馆，每人每天亦约二元，饭菜都很适口。

总之，在美国六个月的功夫，梅君所住的总是该城最大的旅馆里最好的房间，并带客厅书室，每天合美金约自十八九元起到三十余元止；我们三四人也住头等房，每人每天约合美金七八元左右；其余各脚所住的旅馆也都是很好的，不过规模稍小，可是规模虽小，组织法却与大旅馆同样的完备；他们差不多是每人一间，有时遇到大房，就两个人一间，每人每天大概在美金二元左右。吃饭每人每天也要用美金二元左右。

梅君等和我虽有时在旅馆用饭，然而还是在外边吃的时候多，因为想借此看看他们社会上生活的情形。在美国饭馆吃饭，每人每顿也不过合美金两三元；若中国饭馆就比较便宜些，可是也要在二元左右。

演剧的方法和地点

齐如山

到美国演剧用什么方法，在北平曾筹划过：打算每晚演两个半钟头，一共演两个或三个戏，所以预备的各戏都稍微长些。等到了纽约后，与帮忙的诸君商议，大家都主张时间应该缩短些，每晚演四段。于是大家计划的结果：每晚演戏四段，连说明、音乐、叫帘、休息等等，共用两个钟头。为什么只演两个钟头呢？因为恐怕美国人没有听中国戏的习惯，不容易感到兴趣，自然不愿坐的工夫太久，所以须将时间缩短。至每晚要演四段的理由，是恐怕只演一段，戏的情节他们本就不大容易明了，台上若一切动作全系没大变换，更使观客不耐久坐，为避免这种弊病，所以每晚多演两三段，台上的情节、动作和服装等，都可以时常变更，观客不至于感到太沉闷了。现在把当时演戏钟点的支配，详细写在下面：

一、音乐两分钟。

二、开前幕，将剧场原有的幕打开，便露出我们所备的红缎绣花幕来。

三、总说明，在红缎幕外说明：中国剧的组织和其中一切动作是什么意义。四分钟。

四、说明，说明随后所演的戏的情节。比如：若是《汾河湾》，就先说明《汾河湾》是什么情节，是历史上的哪一段，要点在什么地方，这出戏在场上一切举动是什么意义，并且将戏里所说的白、所唱的词的意思，也大致讲演一遍，使观客先明白这戏的大概组织，看着好容易感到兴趣。两分钟。

五、音乐，占一分钟。

六、第一段戏，占二十七分钟。比如：《汾河湾》改名《鞋的问题》，由梅君与王君少亭表演。

七、休息和叫帘（Curtaincall），共占四分钟。

八、音乐，占一分钟。

九、说明，比如《青石山》，说法略如《汾河湾》。占三分钟。

十、第二段戏，占九分钟。比如：《青石山》由朱君桂芳、刘君连荣、王君少亭合演，只打二场，末由朱君耍下场。

十一、休息和叫帘，共占四分钟。

十二、音乐，占一分钟。

十三、说明，占三分钟。比如：舞剑，就说明舞剑的来源和道理。

十四、第三段戏，占五分钟。比如：《红线盗盒》里的舞剑，择一段精彩的，由梅君自舞。

十五、大休息和叫帘，共占十五分钟。

十六、音乐，占三分钟。

十七、说明，占五分钟。比如：《刺虎》，说明法略同《汾河湾》。

十八、第四段戏，占三十一分钟。比如：《刺虎》，由梅君与刘君连荣合演完。

每晚共用一百二十分钟。

演戏的时间比从前规定的缩短了，可是演的段数倒比从前加多，当然是每段所用的时间更短了许多。于是又将各戏重新编排，把不很重要的地方删了好多。

钟点的规定，颇合美国人士的心理。每次幕的开闭，由张君彭春主持。

各剧的说明，先由我作成中文的，杨秀女士译成英文，再由张君彭春审定。开演时，就由杨秀女士在台上讲演出来。杨女士的英文、英语和说话的态度，都极博观客的欢迎。

兹将演出的时间和地点，附录在后面：

纽约

在四十九街戏院（49th Street Theater）共演两星期，后来移到国家戏院（Imperial Theater）共演三星期。

芝加哥

在公主戏院（Princess Theater）共演两星期。

旧金山

先在提瓦利戏园（Tivoli Theater）试演一天，方移在自由戏院（Liberty Theater）演五天，又移到大都会戏院（Capital Theater）演七天。

罗森

在联音戏院（Philharmonic Auditorium）演十二天。

檀香山

在美术戏院（Art Theater）演十二天。

票价：最贵的五元，其次四元、三元五、二元五、一元五不等。惟在旧金山自由戏院演的时候，最贵的座位定价十元。但在纽约时定价虽只六元，可是很多都被人买去，他辗转卖十五六元。

在美反响

齐如山

各戏的命意

要说美国人士对于中剧欢迎之点以前，须先把所演各戏的命意和斟酌的情形说说，不过关于这层在前面《剧本的选择及编制》篇里，已经说得颇详细了，这里不过稍提几句，读者自然就容易联想起来。在出国以前，只要遇到欧美人士——但有一个条件：须是常看或看过梅君戏的，我们定要请问他们梅君演戏什么地方最好？所以如此，就是要侦察外国人的心理，好作出国演戏的预备。这样差不多有六七年的功夫，问过的也有一千多人，多数人主张演《散花天女》《别姬》《洛神》《上元夫人》等戏，我想大概因为这些位多是偶尔看戏，并没做深刻研究，所以主张华美灿烂的歌舞剧，因为穿了极华美的衣服，载歌载舞，的确可以使人赏心悦目。不过我却大不以为然，虽然梅君的新戏都创自我手，也并没出旧戏的规矩，然而这种戏的扮相，不能完全代表中国剧，并且也不能尽梅君技艺的能事，所以不愿梅君全演新创的戏。可是别方面欧美人又这样主张，于是迟疑了二三年，总没有着手预备。可巧张彭春君来，谈到这事，张君也主张多用旧剧，恰与鄙意相合，又举出许多理由，我不禁豁然大悟！喜悦已极，于是立刻议决一定多备旧戏。比如：《刺虎》一出就是张君提出的，可是朋友里反对这戏的非常多，我却深信张君的意见，决定将《刺虎》加入。等到纽约后，即拿《刺虎》作殿军，最前用《汾河湾》，又因欧美人欢迎梅君的舞式，所以又特将《盗盒》的剑舞加入。不过梅君须有休息和改装的时间，所以中间又特使朱桂芳演一段《青石山》，不过稍打几手，耍大刀下场就是了。因为这四段剧情、扮相、行头，都各有特点，毫不犯重，容易引起观众的兴趣。这样是头一个戏目，以后戏目有变化，

可是用意也是这样。——

第一戏目

《汾河湾》《青石山》剑舞《刺虎》

第二戏目

《醉酒》《芦花荡》羽舞《打渔杀家》

第三戏目

《汾河湾》《青石山》《别姬》杯盘舞

在纽约、芝加哥所演的没有出过以上三个戏目，极博美国人士的欢迎满意。以后到了旧金山，因为华侨太多，稍有看中国戏的习惯，非要求演《天女散花》《霸王别姬》不可，于是又将戏目重新组织了一次，大概如下：

第一戏目

《闹学》《青石山》杯盘舞《刺虎》

第二戏目

《汾河湾》《青石山》袖舞《霸王别姬》

第三戏目《醉酒》《芦花荡》羽舞《打渔杀家》

第四戏目

《闹学》《青石山》拂舞《天女散花》

这四个戏目于中国剧场演剧时，又加了《打城隍》《空城计》等戏。出演以后，不但华侨满意，就是美国人士也非常欢迎。有很多人说："可惜这种戏在纽约没演！"

以上已将所演各戏的命意大概说明，现在再将美国人士对中国剧和梅君的欢迎之点说说。

美国人士欢迎的情形，须分两部分说：一种是文章的评论，有研究性质的，学者的文字和报上评论的文字。一种是台下的观众。

文字的评论

文字的评论多数是对中国戏剧本身的研究，所以有很多深刻、耐人寻思的议论，并且所议论的都是偏于有情节的、有规矩的地方。现在把大家的议论综合起来，归纳成几个要点写在后面。不过在这段里要分三项说明，比较清楚些：（一）关于中国剧的组织；（二）关于各戏的特点；（三）关于梅君个人。

（一）关于中国剧的组织

中国剧的一切组织，完全美术化。大致与希腊古剧相近，较写实派的戏剧实在高得多。

场上的布置，剧中人站立的地方，以及一切举止动作，都有一定的组织，不得任意，可是不但不呆板，却是非常自然，而且是美术化的自然。

说白到相当的时候，就变成音乐（即唱工）。

手指、目视、举足、转身等等小动作，处处都有板有眼，并且都有美术的规定。

男人扮女子，不是摹仿真女子的动作，却是用美术的方法，来表演女子的各种情形神态。

花脸纯像古雕刻。

（二）关于各戏的特点

《汾河湾》中薛仁贵，因为一双鞋就疑惑柳氏品行不正，柳氏却借这机会气他，实在痛快得很。后来说明情由，柳氏有气，仁贵又赔礼，柳再三不允，后来到相当的时候，赶紧笑脸相迎，这最合一般妇人的心理。

《刺虎》的费贞娥，舍身替君父报仇，对仇人一只虎当面就笑脸相迎，背身就咬牙切齿，把当时贞娥的心理可算形容到家。并且无论什么人对刺杀的举动不容易感到美观，可是贞娥刺虎时的身段却很美观。一只虎被刺后和贞娥自刎后倒卧的地位，尤其有美术的研究。

《贵妃醉酒》中杨贵妃，醉后的各种身段神态非常美观。因为女子醉后，本不容易好看，醉后调情尤其难看；可是醉酒里所安置的各种身段，都能把一个醉后调情的美女子的各种体态神情形容出来，并且依然非常美观，由此可知中国剧组织法的高妙。

《打渔杀家》形容一个英雄落魄，隐于打鱼度日，还受不法的贪官污吏种种压迫欺辱，因不可再忍耐，以至起了反动，实在痛快决断之极，但总使人感到一种凄凉萧索的意味。到吃茶一场，问至衣服的事情，萧桂英只是那样一个小姑娘，虽然自己心里很不愿意，也要博父亲的欢心，由此可见中国的女教。

《霸王别姬》里虞姬先为丈夫消愁，忍心着泪做翩跹美妙的剑舞，后来就自刎，为的免去丈夫内顾之忧，好去努力作战。由这里也可见中国忠贞的教育。

（三）关于梅君个人

一、身材窈窕。

二、面容美丽。

三、眼，澄清明朗，极能传神。

四、手极美，指示持物等动作姿态也极美观。

五、坐立行动的各种姿势，头部身段，股肱手足，处处都有研究，并且极美。

六、各种表情都极鲜明而且美观。虽然观众不懂话，但是只要看他的表情，就足可知道他所表演的是什么心情。

以上所说的不过是个大概，因为纽约各报各杂志都有评论，另行汇印，这里不再赘述。现在所要说明的有一点：因为美国报上、杂志上所发表的文字里，对《刺虎》和《汾河湾》议论得最多，所以国人就以为美国人只欢迎这两出，其实不然，因为新闻事业差不多专注重新的见闻事迹，杂志也有这种性质，梅君初到纽约，一切都是最令人注目的新闻，各报对评论中国剧和梅君的文字，都争先登载，可巧《刺虎》和《汾河湾》两出正是第一个戏目，所以对这两个戏评论的特别多。后来虽然换了戏目，但是已经过了半个多月，各报对这事认为已经不是新闻，所以评论的文字也就少了。有那些志在研究中国剧的人们，都自己深切研究，不轻易在报纸上发表意见。所以中国人认为美国人只欢迎《刺虎》和《汾河湾》两出，那就有点误会了。

台下观众的欢迎

关于台下观众欢迎之点，也可以分成三项来说：（一）关于全剧之点；（二）关于各戏的特点；（三）关于梅君个人。

（一）关于全剧之点

宫殿式的舞台。

平金绣花的幔帐等。

行头的华美（如古装）、雅静（如青褶子和萧桂英的裤袄）。

（二）关于各戏的特点

《汾河湾》中柳迎春的因鞋奚落薛仁贵，并以后仁贵赔礼，迎春不允，等到相当时候才答应，深合一般妇女心理。

《刺虎》里费贞娥对一只虎的当面欢笑承迎，背脸就切齿痛恨，极能把一个忠烈机警女子的痛恨表演出来。

《打渔杀家》的行头，因为是纯粹中国式的，并且没有水袖，可以看见梅君的手。

《贵妃醉酒》里贵妃的鷂子翻身。

《春香闹学》春香的活泼顽皮。

《别姬》里的舞剑。

《散花》中的绶舞和花舞。

《奔月》的镰舞。

《献寿》的杯盘舞。

《上元夫人》的拂舞。

《西施》的羽舞。

《打渔杀家》的单刀枪。

《青石山》的舞大刀。

（三）关于梅君个人

表情的细腻。

眼的传神。

面貌的美。

手的美（照相师和塑像师有只影塑他的手的）。

台步的美。

身段的美。

以上所写都是听得多数人谈论的。总之，文字的评论与观客当时的欢迎，虽大致相同，然稍异之点也不少。因为文字富于研究的性质，多含文学美术的观念，所以评论《刺虎》和《汾河湾》的最多。可是观客拍掌最热烈的，却是剑舞和耍大刀，这就因为只要能好看，容易明了，便可以博得他们的欢迎。

交通界的优待

齐如山

梅剧团这次出国，经过很多地方，并且差不多在每处都要演几天戏，然而除了纽约、罗森外，在别的地方最多没住过二十天以上，所以在路上竟度过少半日子。虽然坐船、坐车，以至住旅馆，庞大行李的搬运，却没感到一点奔波麻烦；不但如在家中一般安适，并且处处感到新颖的趣味。这就不得不说是交通界的优待了。否则，不知要多费多少事，多花多少钱呢！

由上海一上船，船主和杂务长等都非常优待，除二百多件行李不要运费外，各种舱位也给大家极大方便。对梅君尤其客气，船主亲自领导参观各处，就是极秘密的地方也要详细地给他解释。关于饭食方面，船主时常请吃茶点，杂务长和监厨每天一定来问："饭食怎么样？吃的好吗？梅先生您爱吃什么，临时告诉厨房好了！"并且特别告诉厨房里，预备中国饭，因为剧团诸君平常没吃西餐的习惯，非吃中国饭不适口。

每当海上有风景，或出了什么新鲜事物时，船主一定打电话来，请梅君出舱赏看。并且讲解这里风景的特点在什么地方，新鲜事物是怎么发生的，是多少年未曾见了的。船主这样热心指教，因此梅君得以赏玩了许多美妙景色，长了许多见识。

船没到檀香山时，就接到檀香山华侨的两个电报，大致说："请告诉船主，最好晚两个钟头靠岸，因为时间太早，来接的人怕到不齐。"但这种例外的事，平常很少见，所以我们觉得要求船主照办，恐难办到，不过华侨既这样热心，不好辜负他们的美意，只好试着说说看。谁知刚说完，船主就慨然应允了，一定照办。这真出于我们的意料之外了。

离檀香山的时候，因为箱子装不齐，又特别商请船主，晚开一个钟头，船主也答应了。这也是不常有的事。

去美国时乘的是"坎那大皇后"船，回来由旧金山到檀香山是"大洋丸"，由檀香山到上海是"浅间丸"。这三个船主都一样的热心帮忙，就是一点小事，也想得非常周到。至于乘坐火车呢，也是全部行李不收运费，尤其有一件更令人感激的事，就是按铁路公司的章程，不许单挂车，但是这回特别给剧团挂了一个专车，为的是大家方便些。对剧团自然是方便，可是却把人家的定章破坏了，实是令人感激而抱歉。并且铁路公司都是特派两个人，沿途护送。若是将到较大的车站以前，一定有那里总公司的总理、各部分的主任，或是那站上的主要人员，都来电欢迎。到站以后，总有主要人上车慰劳并且很诚恳的问：有没有事交他们替办？不但到了站时这样，就是沿路也总有铁路各机关的要人请吃饭。所以梅君一路在火车上，竟没有花饭钱。

由纽约到旧金山，中间须在芝加哥耽搁十几天，若是将行李都卸下来，似觉太费事，于是那个铁路公司特别给挂了一辆车，存在站上。这样，就可以只把在芝加哥需用的东西卸下，不用的就存在车上，并且能随便起卸。这么一来，每天不过一两块钱的手续费，可是于剧团就方便多了。又因为我们要参观内哈拉大瀑布，那铁路公司又特给挂了一辆车，存在站上，不收费用。在美国一共坐了七八条铁路的火车，都是这样招待。

在罗森的时候，那里的飞机公司特请梅君乘他们的飞机到散提亚果城

（San Diego）去了一次。来回用了一个多钟头，两站的办事人员，招待得非常周到。

以上是交通的情形。至于这次在美国住的旅馆，梅君因为面子关系，所以都是住最大的旅馆。如在西雅图（Seattle），住的是欧林佩克（Olympic Hotel）；在纽约（New York）起初是普拉擦（Plaza Hotel），以后是纽约克旅馆（The New Yorker Hotel）。在华盛顿（Washington）是华特门花园饭店（Wardman Park Hotel）。在芝加哥（Chicago）是斯提芬（The Stevens Hotel）。在旧金山（San Francisco）是费尔孟（Fairmont Hotel）。在罗森（Los Angeles）是俾尔谟（Bilmore Hotel）。在散提亚果（San Diego）是宜尔果尔特次（El Cortez Hotel）。在火奴鲁鲁（Honolulu）是夏威颜旅馆（Royel Hawaiian Hotel）。以上这些旅馆，都是那城里顶大的旅馆。其他团员住的虽然小一点，然而也受特别的招待，时常送礼送花。并且散戏太晚，照例旅馆厨房已没人，可是为梅君总是特别预备夜餐。

总之，剧团在舟、车、旅馆，遇有大小事情，人家都替想得周密，办得妥帖，所以这次旅行，无论在什么地方，总觉得极舒服。这不但是特别优待梅剧团，实在也是人家做事的精神圆满。我为什么写这一段事迹呢？一则是佩服人家拿着事情当事情做，二则也是感谢人家的意思。

政界的欢迎和提倡

齐如山

梅剧团这次一进美国，就极得政界的帮助。我现在先说一件琐细的小事，大家就可想见他们对梅剧团是怎样的优待了。这次出国，共带了一百多只箱子，但是在美国出国进国时候，税关上只在纽约开验了一次，并且只验了一件，尤其是到了檀香山，税关监督不过大致问了问就签字，任凭自由行动。一般华侨看见，都惊异得了不得，对我们说："这实在是向来不多见的事情，尤其对中国人，更是没有的事！"移民局委员也亲自到船上，说："我特地到船上来接洽，免得在站上留难，但是我看见梅君就行了。按例说，每人登岸都须有允许证，可是您这次来的人很多，若按手续一点一点的办起来，恐怕您太费时间，现在请你们就先登岸吧！一会儿把允许证给您送到旅馆里去，清清手续就是了！"离檀香山的时候，也是只看一件箱子就算了。开验的情形是打开箱子一看，见一切物件和所报的账簿一点不差，所以也就不往下再查。但这乃是人家特别优待，不然任凭办理得怎样清楚，也要按章程一件一件的检验。

梅君一到纽约，就有很多政界要人向伍公使朝枢打听梅君的消息，都想和梅君见一面。于是伍公使特约梅君到华盛顿演一晚戏。那天晚上，所有国务院全体官长、各国大使、地方官绅，大约一共有五百多人都来看戏，并且都看得非常满意。演完戏以后，伍公使介绍梅君和大家一一握手。大家极高兴，说了很多早就闻名和看过戏后对他艺术羡慕佩服的话。这次只有胡佛总统因为有公事离开华盛顿没得看戏。等回来以后，听见说有这事深以为憾。并且又听大家一致称赞叹赏，他也很想看一回，于是特嘱外交部与伍公使商量，想请梅君再往华盛顿盘桓几天，并演两天戏，总统才能尽一点主人的敬意，看一看大艺术家的艺术。这件事本来已经说妥，但因为与旧金山演剧的合同已经定好，不能抽身再到华盛顿去，所以特地与总统写了一封很恭敬的信道歉，才得不去。然而辜负了总统的美意，直到现在，梅君还以为这是一件憾事！

到旧金山的时候，市政长本来出外办公事去了，特地赶回来到车站欢迎。公安局长、商会会长、中国张总领事和各界代表也都到车站，还有三班乐队也到站台上迎迓。梅君下车后，市政长特在站外广场里当着大众致欢迎词，并有演说。演说完后，全场几万人鼓掌，那欢呼和掌声的剧烈好像是雷声震动，令人感到一种伟大热烈的情绪。以后，大家分乘十几辆汽车出发，每辆车上都插着中美两国的国旗。梅君和市政长共乘一辆，张总领事和我乘一辆。最前头是警察汽车六辆，前后的卫护，车上有警笛，因为有警车鸣笛前行，所有别的车辆都须让路，警察汽车以后就是两面大旗，上写着：“欢迎大艺术家梅兰芳”，再以后就是各乐队。沿路伫立，想瞻仰梅君风采的真是人山人海。汽车慢慢驶到大中华戏院前，门口挑着两面大旗，上面写的是：“欢迎艺术家梅兰芳大会”，步进里面，会场布置得非常齐整。在这欢迎会里，市政长、总领事、商会代表都有演说。梅君也有答词。

到旧金山的第二天，就去回拜市政长。到了市政府，恰巧那里正开市政会议。忽报“梅兰芳来拜！”登时把市政会议停止，改成欢迎梅兰芳的会。就借市政会议厅作会场，请梅君进去，坐在主席的位上，公举一位委员致欢迎词，以后又请梅君演说。梅君说的颇不少，立刻翻译出来，作为议案，永存在市政的档案里面。

在旧金山的时候，就接到罗森城市长波耳泰君（Porter）的电报，大意是“极欢迎并且极盼望梅君到罗森城来演几天戏”。在旧金山演完了，到罗森城时，市长因为有要事不能脱身，特派代表到车站来迎接，并且又派了三辆警车卫护着在前面走。梅君先拜市长，市长对于没有亲身到站迎接先说了些道歉话，又说：“您在纽约和各处演戏成功的报纸，这儿的居民都看见了！所以大家都盼望着您来演戏！早已布满欢迎您的热烈的空气，您在这儿演戏的成功更是毫无疑义了。”并且说，他极应当帮忙，若有他想不到的地方，可以随时用电话告诉他，以便他随时尽力。在他谈话中，极表示热心和诚恳。

由罗森城乘飞机到散提亚昊游玩时，那城里的市政府预先就知道了，特派代表到飞机场来迎接，并且说：若有什么地方用他们帮忙，请不必客气的对他们说，他们极愿意极希望尽一点心力。我们对他们这样热心，很表示感谢，但是这次来不过是游玩的性质，并没有什么事求他们帮助。他们因为怕我们人地生疏，有很多不方便，所以特派了两个人陪着到各处参观游玩。并请吃了一顿饭，大家一面吃，一面谈，非常高兴。

在罗森，梅君住的是飞来伯君的房子。这所房子坐落在森他摩呢加城（Santa Monica），所以森他摩呢加市长特别开了一个大规模茶话会，招待梅君。当地要人都在被约之列，到者共二百多人。

船到檀香山时，市政长亲到码头等候。船一傍岸，如警察局长、商会会长、太平洋联合会主任和市长的代表，都上船来欢迎，梅君一一握手，下船在岸上见着市长，市长说：“这儿很早很早就盼着梅君来呢！天天有人来问：‘梅君到底几时才能来？怎么现在还不到？’等等的这些话。我只能回答他们：‘请你们安心等着吧！反正来是一定得来的！’今天果然来了，真可以安慰安慰大家渴慕的心情了！”梅君谦让了几句，就和市长同车出码头。在这车前也有四五辆警察车领导；此外有檀香山总督特派的侦探随行。因为当时一般民众都扶老携幼地挤到街上，伸着头踮着脚等着看梅兰芳，所以一时颇嘈杂拥挤，因之派了些侦探，暗中临时保护。

梅君先去拜见总督，总督对梅君说："很早我就听到您的名字！并且听人们都称赞得了不得。今天我能见着您，真觉得幸福。最近看美国报纸，知道您到处都极受欢迎，这次来到檀香山，本地人民都非常高兴，他们对您的热诚，真不能以语言形容。只要听听街谈巷论，都谈您的名字，就可以知道这儿对您是怎样的热烈了。因为檀岛居太平洋的中心，对国界的观念较大陆差一些，并且政府对本地居民与外国人感情的联络也极力提倡，所以这里中美日等国的人民都极融洽。梅君是世界上的名人，在中国当然不用说，在日本前几年已经受极大欢迎，这次在美国又博得最高名誉。这里住民是这三国人占最多数，那么梅君这回一定是这些年在这岛上最受欢迎的头一个人了！"以后他又引导着参观总督府和里面各处挂关于政治历史的相片。

又去拜市政长，那时市长正办理公事，听报梅君到，赶紧出来迎接，说："刚才已经见面了，何必这样多礼！"后来谈到本地的居民，市长也说："这里人民对国际观念、种族观念较别处小得多。至于本地人数要算日本人最多，大约有十三万多，占全岛数十分之四，菲律宾人七万，中国人三万，美国人也有三万，葡萄牙人两万八千，欧洲人共有二万五千，本地人也有两万五千，混种人两万，高丽人六千。这许多人民虽然种族国度不同，可是在各学校都共同上课，自天真烂漫的童年就在一起，所以处得感情极好！"又说："这里的中国人受过高等教育的很多，所以和美国人的感情尤其好。梅君是世界上的有名的人，现在肯到这里表演中国艺术，我知道以后文化上的感情更要增进许多。"

又去拜联太平洋会，该会主任和多数会员出迎，请进会议室。坐定后，主任就说："本会的宗旨专为联络太平洋岸各国居民的感情，虽然已做了许多年的工作，然所生的效力还不如梅君来这一次多。我们只看美国各处报纸所载，就可以知道梅君的丰功伟绩！太平洋最重要的国家是中、美、日三国，而这三国的人没有不欢迎梅君的，我想最受太平洋各国各界欢迎的，梅君当然是头一个人。本会尤其是馨香祝之。这次若有用本会的地方，就请不客气地随时通知一声，一定极力帮忙。因为梅君的工作和本会的工作是一样的宗旨，所以并不是帮助梅君，却是梅君帮助本会。”

第二天，檀岛总督（Govenor Lawrence Juud）开了一个大欢迎会，所请的都是本地要人，如舰队总司令、陆军要塞总司令、市政长各领事、税关监督、移民局局长、商会会长、大学校校长及教授、各学校教习、各机关各团体的主要人物，并有前任总督三人，大资本家等等，合起来大约有一百多人。总督夫人特赠梅君一个大花绳，亲自与梅君套在脖子上，并且说：“这种样式从前本地国王戴的，现在套在梅君颈上，不可不奏乐庆贺！”于是命：“音乐队奏乐！”登时乐声大作，大家欢呼庆祝。以后唱土人的歌谣，音节非常自然悦耳。总督把梅君给大众一一介绍，并对梅君说：“今天这会，本地的要人都到了，我特意要给您介绍；并且让他们得以见见世界的名人，才不负他们参加这欢迎会的本意。”

第五天，海陆军官长俱乐部也特开了一个大跳舞会，欢迎梅君。招待得也极周密，大家都在灯光照耀如白日的大舞厅里，往来穿梭欢笑，非常高兴，简直都忘了天已将明。

以上所说，都是政界提倡欢迎的实在情形。按理说，梅兰芳这次游美，不过是个人旅行考察的性质，既非外交官，又不是政府特派的官员，政界上本可不必这样盛大招待，但是他们都深深地认为梅君是沟通两国文化的国民大使，此才来正式招待欢迎。关于这点，我们不能不佩服人家的眼光和好意。

不但美国政界如此，就是我们中国的公使、总领事等也都极力指导帮助。

绅商的欢迎

齐如山

纽　约

我们到西雅图的第二天，就有该地商会会长发起“欢迎梅君大会”，自由加入的团体有二十多个，每个团体派几位代表参加，到场的有二百七十多人。晚上八点钟，梅君一到，全场起立鼓掌。饭后，有商会会长演说，大学教授讲演“中国剧”，以后我也讲了一回“中国剧应该怎样的看法”，末了梅君致答词。当梅君说话的时候，全场又都起立静听，因为这起立静听是不多见的事，所以他们这回如此是要表示特别欢迎。

到了纽约，当天就有一位太太开茶话会欢迎。到会的差不多都是有著作的人，此外有批评家、新闻记者、大资本家等约有一百多人。大家对梅君都是渴慕已久的，乍相见面，似乎异常的亲密熟悉，有些来过中国的，就说曾在北京看过梅君多少出戏，每出是什么情节，表情是怎样深刻有味，说得滔滔不绝。那许多没来过中国的就说，这几年美国报纸上不断登载梅君的消息，所以社会上都知道梅君的大名，现在居然来到美国，真叫我们意外的高兴。这是因为大多数人都没见过真正的中国戏剧，好奇心盛，所以都急于想看看。同时又有一位太太也请茶会，陪客都是戏剧界、美术界、新闻界中人，大约也有六七十位。有一位大美术家说："纽约可算社会交通极方便的一个大埠，所以世界上的美术家来往此地的极多，不但欧洲各国的美术家来的很多，就是中国的也不少，唯有真正中国戏剧还没有见过，想不到中国的戏剧大王梅君兰芳今天居然来到这里，真是美术界的一个极大荣幸！在几年前，报上就说：'梅君快来美国了'，自那时起大家就盼望着，并且美术界的人往往把这事作为谈话的资料，因为有很大的研究性质，所以较别界的人盼梅君来的心更切。今天居然盼到啦！并且到的第一天，大家就得以与梅君握手，纽约美术界的快乐荣幸可想而知！梅君以后如有用的着我们的时候，就请随时通知一声，一定极力帮助，这不仅仅是帮助梅君个人，实是帮助艺术发展。因为艺术是没有国界的，所以艺术界的人当然也不分国界，照此说来，不但我们应该帮助梅君，就是梅君对我们的事情，也应该多多指教。"

梅君回答："中国的美术，流传到各国的很多，唯有戏剧这一种到欧美来表演的还很少，所以这一次我决意不远来此，一则要看看美国的新文明，二则也要演几出戏，请诸位批评批评。不过中国的戏剧有一种特殊的组织法，若要表演得自然到家，不但须具有演剧天才，并且非有十几年的工夫研究揣摩不可。在国内的老脚色、老前辈们，功夫也大，研究也深，表演的程度比我好万倍，但是他们因种种原故不能出国。我现在正当年轻力壮，为了增加见识，正好出来走一遭。不过我的功夫、能力、学问都还没有深造，较诸老辈还差得远，以后我有表演坏的地方，那就不见得是戏剧的组织不好，恐怕就是我的技艺不精。所以以后不但要请诸位对中国戏剧批评，并且对我个人的技术，还求多多指教才是。"

梅君说完，旁边有一个人搭腔说："就这一套话，就可以知道梅君的学问已经很深了，因为您这几句话，句句都见学问！"

以上这两个茶会都是预先定规的，并且其间颇费周折。我们刚一到西雅图，就接到两边主人的电报：都要在梅君到纽约的当天五点钟举行茶会，给梅君接风。经傅泾波君设法调停，但两边都不让。我们在路上时，又接到两边几件电报，仍是谁也不肯移后。这两位太太都是纽约交际界的领袖，又因他们把别的客都请定了，所以不能改，这固然有为自己面子的地方，但推崇梅君的意思也很可感。所以梅君对两位都不好得罪。但两位的住所又在一条街，相离不远，若先到这边，就得罪那边；先到那边，这边也会怪罪，当时颇为难。后来电请熊总领事崇志、郭博士秉文二位出来调停，先到一家停五分钟，再到那一家去盘桓半个钟头，以后再回来，这样才算解决。

纽约大音乐会也开了一个大茶话会欢迎梅君，到会的都是戏剧家、音乐家、歌唱家等二百多人。会中特别预备了中国茶点。主席起立说："今天我们举行的形式，是一个茶会，所以也无须乎做正式的讲演，况且梅君由北京起身到这里，远道跋涉，又是刚到纽约几天，酬应非常的多，身体与精神的疲乏可想而知，我们哪里敢请梅君演说呢？但是今天我们却定求梅君说几句话，这有两个理由：一来是今天蒙梅君于百忙中特莅我们这个小茶会，那么我们这个茶会，实在有莫大的荣幸，所以不能不请梅君说几句话，以清俗耳。二来今天是东西大戏剧家、音乐家、歌唱家的一个大聚会，实是有史以来的创举，尤其是本会绝大可纪念的日子，这样看来，更应该请梅君说几句话，作为永久不忘的纪念品。"

主席说完，全体大鼓掌。以后梅君演说，当他立起来的时候，大家又起立鼓掌。梅君说的大概如下："现在要想求世界上的和平，最好是联络各国国民的感情；若想求各国民的感情融洽，最好是从美术和艺术来入手。因为美术和艺术是最富于情感的，是人人思想共同有的趣味，并且是不分国界的学问，所以拿他们来联络国民的感情，最容易收效果（全场大鼓掌）。我以为这种见解极对，所以决意要往各国一游，研究研究各国的戏剧音乐等艺术，虽然我的能力渺小，做不了这样大事业，但我决意向这条路上走去。至于中国的戏剧音乐组织的方法与各国的有很多不同处，可是中国乐四千年以来没有更改过的宗旨，就是提倡和平。所以乐曲的组织，最好的就是一个'和'字。这很多年失传的乐固然极多，可是存留着的曲谱也还不少。但是我们同来的几位音乐家，因为年龄的关系，还没有研究得很深，我个人的技术较诸国内的老前辈，也还差得多，都不足代表中国的戏剧音乐，这回来不过稍微表演一点自己所学得的，请诸公批评批评就是了。至于我来的最大宗旨，还是要考求考求美国的艺术，希望大家多多指教，能够多长些学问见识，也好回去报效祖国。”

说完全场鼓掌。该会主任又说：“听梅君的话，这次来的意思，是要由美国带回一点学问去，将来的结果，恐怕是留下点学问回去。”全场又大拍掌。

有一位沃佛兰女士，是纽约交际界的重要人物。梅君出演的时候，在三星期之中她看了有十六次。她本想和梅君作一次友谊的见面，但又恐怕梅君太忙，没好意思来要求。当梅君在纽约头演完的前几天，她特托人介绍，在后台与梅君见了一面。第二天就请我们到她家吃饭。她家坐落在纽约市外河边上，地基有二百多亩，里面装饰布置得像一个大花园。那天共请了三十多位陪客，也都是纽约的知名之士。主人因梅君肯赴她的会，非常高兴，想留下一点纪念。梅君那年正是三十六岁，所以她买了三十六株梅树，在园子里另辟了一块地，请梅君破土，当天栽种，名字就叫做“梅兰芳花园”。这虽是件小事，但本地人对梅君的尊敬爱慕就可想见了。

加　州

在旧金山时，有本地商会特别帮忙。因为在几月前，该会里曾有很多人结成团体，到北平游历，那时梅君特别招待，周君作民也极力周旋，所以这次梅君到了那里，商会全体会员特开了一个极大的欢迎会。预先派两个代表来接梅君，梅君到会的时候，全体起立相迎。因为正会长有公事到东方去了，所以由副会长演说。梅君致答词。但后来等梅君到罗森城以后，正会长才回来，立刻与前任会长特带着徽章同到罗森来，代表全体赠给梅君一个非常精致的银质纪念牌。会长又演说如下：

“从前我在日本的时候，就看过梅君的戏。那时我常想：以梅君这样高深的艺术，若能到美国去演，一定大受欢迎，并且于梅君、于中美两国的友谊都有好处。这在当时，不过是一个乌托邦，谁想到现在这美满的乌托邦，竟完全实现了呢！去年本商会组织游历团到北平观光，大家都极想看看梅君的戏，可巧那时梅君正在休息时期，特别通融单演了一出给众团员看，众人看了真是又高兴又感激。又蒙梅君与周作民君对诸事特别照料，至于梅君的茶会尤其念念不忘。大家常想，受梅君这样优待，无以答报。现在幸而梅君降临敝邑，我们正该尽点义务，可惜梅君到旧金山的时候，我正有事在纽约，不能见面，心里着急的了不得。等我公事一完，赶回旧金山时，梅君又往罗森来了，这面缘真是太悭了！幸而罗森离旧金山还不远，我特地赶来，一则与梅君见一面；二则再看梅君几出美的戏剧；三则代表本会全体会员赠给梅君一个纪念牌，这牌虽小而众人之意则很长。我来的时候，全体会员特开大会送行，并嘱咐我转告梅君，去年有许多会员在北京曾看过梅君的戏，并且对梅君的盛情永远不会忘记。想不到梅君现在竟来到美国，使看过的又得重看，固然高兴；但没有看过而渴慕已久的，得观妙剧，尤其是喜出望外，更引起大家对东方文化的钦佩！旧金山是中国和美国来往的枢纽，所以对中国的感情向来很好，自从梅君演剧以后，全美国对于东方文化更明了许多，以后两国国民的感情，必更亲善了。”又说：“以上所说，绝不是假话。我由纽约回来时，沿路听见的话都是对梅君的艺术，对东方的文化，极端的赞扬。对梅君个人的感情尤其好。有好多人说：‘不知怎么回事，我非常喜欢梅兰芳！’您听这种议论有趣不有趣？其实外国人到美国来演戏的也很多，但总不如这次梅君感人之深！大家对于梅君个人的艺术，对于东方的文化，都是从心里头不肯说一句坏话，这真是从来没有的现象。梅君可算没白费一番苦心，没白远涉大洋来此一趟，想梅君心里实应该痛快高兴！”

梅君的答词，大致是：

“去年贵会组织的团体到北平，因为日期匆迫，鄙人没得尽心招待，总觉抱歉得很！现在蒙贵会长又前事重提，更令我惭愧无已！鄙人这次来美国的动机，一则是研究些新学问，二则带便演几出中国剧，请贵国人批评批评——并不敢说是代表中国剧，因为我的程度比本国剧界老辈还差得多——现在蒙贵国人赞许，实在愧不敢当。但是鄙人所以敢在贵国演奏，是因为深知贵国是爱中国的国家。贵会诸公、贵国人民一定能极力帮助，就是鄙人这次在贵国能有一点成绩，也是全仗贵国人的热心提倡。鄙人感激之余，无可报答，只有把大家的好意谨记在心，永远不会忘去。请会长回去见贵会诸公，务必替鄙人多多道谢，并请转告诸公说：‘鄙人这次承贵国人民抬爱，回国以后，更当勉力用功，才不负诸公的雅意；并且回国以后，一定要把贵国国民的美意，遍告本国国民。’我深信两国国民的感情一定一天比一天的亲善。”

在旧金山还有几处宴会。四月二十四日，有选举权的妇女会公请茶会。到会的有一百五六十人，因为怕梅君太忙，所以大家预先在准钟点到齐，然后派人来接梅君。梅君到场，大家蜂拥欢迎，立刻请梅君上台演说。演说词与以上的大同小异，姑且略去。

四月二十五日，加州全省妇女会公请茶会。该会共有会员八千多人，当天到的有三百多位。全场都须立饮，唯独梅君一人有座。席间主席演说，大概如下：

“今天承梅君肯到本会来，实在感谢得很！现在我代表敝会会员，向梅君道谢。这次看梅君的戏，虽然一个字也不懂，但对戏里的情节却都能够明白。至于梅君的艺术怎样好，中国剧的组织怎样好，在纽约、芝加哥、旧金山各报纸上、各杂志上，都议论得极详细极深刻，不必由我再说了。今天我代表本会会员，只说说关于我们女子的事情。从前常听人说，中国女子不做什么事，整天只是在家里伺候她的丈夫，倚靠他的丈夫生活。谁知现在一看梅君的戏，才知中国女子并不像人们传说的那样无能！原来有本领、有道德的极多！比如《汾河湾》的柳迎春是那样苦苦的守节，等候着她的丈夫。《刺虎》里的费贞娥是那样忠烈，那样有机谋，来替君父报仇。《从军》里的花木兰是那样有本领、有勇气，以一个小小的女子竟能大战沙场，竟能支配一国的胜负，真令人钦佩爱慕！《庆顶珠》里的萧桂英是那样孝顺、勇敢，帮着她的爹爹办事，还尽力服侍安慰爹爹。《廉锦枫》中这个女子又是那样的孝，竟敢身入深海，替母亲摸参。只看了这短短的几天戏就知道许多有道德、有本领又可爱的女子，连我们看戏的都爱极了她们，恨不得立刻和她们见一面才好。由此可知从前所听的话，都是不实在的，所以我们非常感谢梅君。可惜梅君在这里演的日期太少，不然我们更可以知道许多好故事！还有梅君表情的深刻，尤足令人佩服赞叹。别的都不必说，单说说《汾河湾》这出戏吧！当柳迎春生气，她丈夫赔罪告饶的时候，她又想答应又想为难为难他，可是又恐怕太激烈了对不起他，并且恐怕二人若因此真伤了感情也不好，所以虽然在有气的时候，就赶紧应允了。这种心思同美国的女子真是一样，梅君却能尽情地形容出来，这足见梅君能用心，功夫也深，艺术也高，不然，梅君并不是女子，怎么能把女子的心事揣摩得这样到家呢！”

主席说完，全场大鼓掌。以后请梅君演说，演词也与以前的差不多，所以不录。梅君说完后，全场鼓掌，大声欢呼。会中指定高等职员四五十人与梅君握手，因恐怕梅君太劳苦，所以不许其余的人来握手。后来有很多人手拿小册，请梅君签名。会里又决议，不许个人请签字，只请梅君在会中的总簿上签了一个名姓，留作纪念。

四月二十六日，本地绅商各界公请午饭。到会的有三百多人。聚餐处在旧金山，要算是最大的饭厅。席间有梅君演说。

到了旧金山后，因为当地商会和绅董都极力帮忙，所以演完戏未起身时，梅君特地请大家来欢聚了一次。在梅君演说后，由前任市长代表来宾，说了一段话：

“今天蒙梅君相约，除了感到荣幸之外，还要向梅君道谢。旧金山的住民，对中国的感情向来极好，但是从前只有商业上的关系。凡是中国人到美国去的，都要由旧金山经过，所以本地人与中国人的来往较别处多得多。这次蒙梅君把中国最美的艺术，演给美国人看，实是有史以来的创举。美国人对中国的文化，早就钦佩得了不得。但大家所知道的，大半是由书本上得来。近几十年，因羡慕中国灿烂的文化，特往参观的人虽然很多，但终究是少数。这次经梅君亲身来表演，大多数人都已看到。凡看过的人都在背后议论说：‘看了梅君的戏，觉得非常痛快。虽然对歌唱说白一个字也听不懂，但对梅君的表情却深深地同情。关于戏中的喜怒哀乐，不但能明白，并且非常感动，甚至过几天以后，梅君的一举一动还像在眼前。这固然是梅君表演的成功，但一定也因为中国剧的组织法特别高，所以不通言语的观众们看着，才能不隔膜。’以上这些话，确实是我听见人们的议论，绝不是我当面恭维，不但不是恭维，并且社会上众人背后所恭维的话，对梅君的羡慕，我连十分之一也表达不出来。请梅君回国后，告知贵国国民：经梅君来这里一番表演后，使美国国民对中国文化的钦佩之心，又增加了好多倍。”

前任市长说完，梅君起立道谢，大家欢笑畅饮，尽欢而散。

到罗森城后，五月二十七日，美克杜君（Mcadoo）请茶会。又请了五十多个很有名的人作陪。美克杜君是前任总统威尔逊的女婿，曾作过财政总长，并作过几个大公司的经理。美国一共有河底电车道六条，却有四条是美君经手造成的，所以美国人对他极尊敬。他对梅君非常推崇爱敬，并有小小的一段演说，现在写在下面：

“近几十年来，美国人虽然极力研究东方文化，但有许多种学问，若全靠在书本上埋头工作，终觉得有一层隔膜，并且能知道的人总是极少数。尤其是戏剧美术更须多看表演，多参观展览会才能了解。这次梅君到美国表演东方美术的戏剧，每天不过演一个多钟头，可是直接间接得以领略中国文化的，总有三四千人。由此看来梅君造福于美国的，实在大极了！这种伟大的举动，各国人都应该仿着实行，那么世界的文化自然就能沟通了。”

说完以后，把美国开国至今的各任总统铜像全份，共三十一件，赠给梅君。这铜像铸得精致非常，实在是一种极可宝贵的纪念品。本地有一个早餐会（Morning Music Club），是本地绅商学各界的名人成立的。大概因为许多有钱人，早晨起床太迟，所以大家互相戒勉，立了这样一个会，来鼓励人们早起。因为入会的都是名人，所以这会的声誉也很大，遇有他处极有名的人到罗森城，也往往请他们入会。以前曾请英国的首相入会，这次又特请梅君入会，并吃早点。那天到会的有二百多人，主席给梅君一一介绍。介绍完后，主席有一小段演说大约是：“久闻梅君大名，现在作了他们会中的一份子，非常荣幸。”等话说完，梅君道谢，会里又请梅君演说。

檀香山

到檀香山的当天，本地总督育德君（Govenor Lawrence Juud）特开了一个茶会，欢迎梅君。所请的都是本地交际界的重要人物，有一百多人，但是在檀岛就算难遇的大茶会了。大家所说无非是早就盼着梅君前来，现在居然盼到等话。

檀香山有一个土人歌舞会，这会是政界特别提倡组织的，服务人员都有薪水报酬，专练土人的歌舞，也是恐失传的意思。每逢有外国人到了檀岛，一定要看看这种具有特别风味的歌舞。但都是要照例买票，才能入场。这次梅君来到的第二天，该会就派人来请，约定日期前去参观他们会里特别的布置。到了那天，梅君一到该会，会员全体唱欢迎歌，又特唱从前在土王驾前唱的歌，表示对梅君的尊敬。按会里的规矩，凡来看的人都应该与会里的舞女合舞，各人可以随意动作，不管舞术的好坏。这次会里公推了一位极美的女郎与梅君合舞了一回，该会认为这是一种非常的光荣。土人的歌舞、音乐、步伐虽然简单，可是腔调很优美，舞姿也很美观，腰和手的动作极袅娜伶俐，有许多地方比欧洲的跳舞还觉得好看。在梅君演戏的最后一晚，演完以后，该会全体到剧场，上台与梅君加冕。特置了几个花绳，公推几位舞女与梅君套在颈上，并唱加冕歌。台下掌声雷动，这实是该会特殊的举动。又有会中的一位女士，特用土语制了一首“欢祝梅君兰芳成功的歌”，当着观众歌舞了一次，观众非常赞美。梅君临行时，全体会员又特远送到船上，给梅君套了许多花绳，并歌舞特制“梅兰芳歌”欢送，直到船开行后，还余音在耳呢！

梅君这次来到美国，美国人民都不把他当一个普通的戏剧脚色看待，都把他看作一个沟通两国文化的艺术家，联络两国感情的国民大使，所以都用外宾的礼貌相待。比如各城镇来约公演，或直接来约，或间接求熟人来约，但都是由各城镇的绅商联名公信，信上大致说：“久闻梅君大名，并这次在纽约的荣誉，都想瞻仰瞻仰中国的艺术和梅君的丰采。”

学界的欢迎

齐如山

梅君这次在美国所以能成功，固然是各方面的赞助，但是学界的提倡，却是其中一个最大的原因。在我们没出国时，就没有用商业的形式与任何方面交涉，有很多事情都是由燕京大学司徒雷登校长替我们接洽。司徒校长认识的自然是学界中人多，因为一起头就是由学者的提倡介绍，所以社会上就明白梅君是一个大艺术家，是来沟通两国文化的国民大使；不是一个普通演戏的，不是为做买卖而赚钱来的。社会上有了这个观念，梅君的声价自然高了许多。所以学界更是特别注意。当梅君出演时，很多大学教授和学校教员都含有研究的性质，抽暇来听戏，听了以后，回去都对学生说："毕竟是东方文化！他们戏剧的组织法实在高得多！"又有许多关于戏剧、音乐、美术的教授教员们都怂恿学生们去看戏，说"这种富于文学、富于美术的中国戏剧，实在高雅深刻，你们不可不去看看；因为不但可以借此机会欣赏东方文化，并且还可以暗示给你们很多戏剧美术的原理呢！"此外还有几位大名鼎鼎的戏剧专家更用心研究，时常来访谈讨论。有学界这么一提倡，社会上对中国剧、对梅君自然更另眼相看了。

杨君的评论

纽约有一位大文豪杨君（Stark Young），是研究戏剧的大家，并且是极负盛名的批评家，他自己也常编剧本，有时候作一篇论戏剧的文字在报上发表，大家都非常佩服传诵。不过他的文字是自由作品，向来不收报酬的，所以极深刻——有许多是别人研究很多年也不容易想到的，他竟能一语道着——他的议论绝不敷衍篇幅，非有心得的意见不肯轻易发表。这次梅君到美国出演以后，他竟作了几篇文章登在报上，对中国剧、对梅君都非常推崇赞美，由此惹动得观众很多。并且他的议论极在行。有一天，他特地到旅馆来访谈，现在把他所说的大致写在下面：

“看了梅君的做工、表情，使我联想到希腊的古剧。因为在古书里常有议论希腊古戏剧的地方，但是文字虽然能懂，他写的意思却往往不大明了，不消说自然是因为根本没有看过表演，所以难以想象出它的组织妙处。这回看过梅君的表情、做工及戏中的一切规矩以后，使我这些年看不懂的书完全了解，一切疑团顿然冰释。梅君便不啻替我们做了一个实验，这真是我这些年罕有的痛快事，我不该欢喜欲狂么？大概中国剧一切的组织法，与希腊古剧有许多相同的地方。

从前常听人说：‘中国剧的做法太不像真。’但是现在我看了以后，觉得剧中意思的表演非常的真，不过不是写实的真，却是艺术的真，使观众看了觉得比本来的真还要真。

我最爱看的戏就是《刺虎》这出。因为它有历史上和文学上的趣味。贞娥自刎的身段非常好看，自刎以后，与一只虎同躺在台上的距离、尺寸、方向、样式都极有研究，尤其美观。这不能不佩服中国剧的组织，更不能不佩服梅君的艺术。

美国写实派戏剧家的做工、表情，都显着呆板浮浅，一看就懂了。梅君的做工、表情从眼的动作，到手的动作，都是恰好而止，没有过分的毛病。姿态非常生动，使人看了后，也同样地懂了；但是懂了以后，仿佛还有点含蓄不尽的美的深的意味在里面。

关于梅君面上的表情，有人以为是写真。其实并不是写真，却是一种规矩的表现法，绝不是用暴烈的感情，浮浅的举动来表现的。这种地方是中国剧的组织法最高深的地方，万不是写实的办法所能办到。

在中国剧上，各脚在台上坐的地方，都非常好看。虽然并不像真事那样自然，但是安排的浓淡距离，都有美术的研究。梅君坐立的地位，或靠前或靠后，或侧或正，常常有变动，使观客的眼光视线一新，精神一提，所以永远不会疲倦的。梅君脸上的化妆，眉眼的描法，都非常有研究。他的白、黑、红三色的浓淡布置，都像古代的磁器。梅君俯仰坐立的姿态，也有许多地方与古画相同。这固然是梅君的艺术好，当然也是中国剧的组织好，不过梅君做来特别美观就是了。

我对于梅君所唱的小嗓子，觉得毫无一点隔膜。我以为梅君的小嗓子与女子的真嗓子的差别，与戏中的身段和平常人动作的差别，大致相同。这是纯美术化的动作，所以听着毫无不愉快的地方。

我想梅君在中国演戏，一定比在美国好得多。因为在这里演唱，我看着似乎有迁就美国人眼光心理的地方；可是我要劝梅君千万不要这样，致损中国剧的价值。凡是来看梅君戏的人，都是按照极高尚的艺术来看，或是按照古代雕刻来看，倘若他们有些不了解的地方，也毫无妨害。越是按照中国戏剧规定的演法极力发挥，观客越欢迎，越感兴趣。

我看梅君的嗓子很好，但似乎是不敢用力唱，其实不要紧，纽约的人既然公认了中国剧是世界的艺术，梅君就应该极力发挥中国剧固有的长处，发挥力越大，欢迎的程度越高。因为有许多人不是为取乐而来的，都是为研究艺术才来的，为研究东方艺术才来的，所以梅君万不可气馁，致损梅君艺术的价值，并损中国剧的身份和地位。中国剧的举止动作，极雍容大雅，位置的高尚，分量的沉重，实在在世界戏剧之上。

我这次看了梅君的戏，对于戏剧的原理明白了许多，对于世界艺术的原理也明白了许多，真是异常的愉快！

《汾河湾》柳迎春二次出场，用手扫簸箕里的土，述薛仁贵眼的身段，非常好看。但是第一次演这出戏时，只扫了一次，后来连演的几天，有连扫两三次的时候。其实据我看来，不及扫一次好看。

《刺虎》里贞娥的自刎，头一次刎的姿势，比后来的好看。

因为须生不很出色，所以梅君也因之减去了许多精彩，我想若换一个好须生，梅君当更要好几倍。

梅君享这样大名，还仍然这样谦恭和蔼，不耻下问，哪能不成为世界上的伟大人物呢！我对这点极端佩服。美国名脚就不然，往往自满，目中无人，可是这次对梅君都一点也不肯骄傲，足见他们对梅君也是极佩服的了！

在美国，每几年里必有一个夺锦标的人，意思就是全国——无论政界、学界、商界、工界都在内——最注目的一个人，这次夺锦标的人一定是梅君无疑。

齐如山君所著的《中国剧之组织》里面，对中国剧的说明，极清楚确实。看中国剧以前，应该先看这书，对戏中的情形才容易明了，可是看了戏以后，再看这书，才知这书的价值。”

以上都是杨君所说的话。杨君虽然头一次听中国戏，但是他的议论可说是真在行。并且梅君几天连演一出戏，若两天做戏稍有改动，他一定知道，并且还要来问为什么。这足见他真是用心研究，好学不倦。杨君说完以后，问梅君：“请问我说的对不对？”梅君说：“批评的岂止对呢！简直是非常的对！但是敝人却不敢当就是了。”杨君又问梅君和鄙人中国剧的各种规矩，梅君一一地告诉他，他听了后，拍案叫绝，说："这才是真正的美术！这才是真正的戏剧！"以上杨君所说的话，都是没在报上发表过的，至于在报上发表过的议论，就不必在这里啰唆了。

梅君的讲话

一天，哥伦比亚大学教授公会公请茶会，到会的有一百多人，校长夫人殷勤招待。梅君有小小的一段话，写在下边：

"承诸公抬爱，我今天能够到这个地方来，非常荣幸！非常痛快！我先谢谢诸公！我这次来到美国表演几出戏，谬承诸公揄扬赞助，才得了这样圆满的结果，实在感谢。但是我这次来的目的，是要吸收新大陆的新文化，是求学的性质，完全是学生的资格。希望各位教授，不必以来宾之礼相待，应该把我当作一个学生，常常的指导，不吝教诲才是！"

说完，全场鼓掌说："梅君说话真是谦恭和蔼，但是我们却不敢当呢！"

纽约有一个"万国学生会"，是煤油大王出资建筑了一所房子，专预备赁给各国留学美国的学生居住。因在里面住既经济又方便，所以寄居的学生很多，于是就组织了一个"万国学生会"。会里有特别设备的大剧场，可容二千多人，常在里面开同乐会演戏。有一天晚上，他们特开全体大会欢迎，并领着我们参观各处。参观完以后，请梅君演说，那时来的人楼上楼下都已坐满，梅君登台演说。演词大致如下：

"我向来不会演说，比方要让我在这个台上唱一出戏，我却觉得不很难。若是使我随便说一段话，我倒觉得不容易，而且也说不好，所以今天若有说错的地方，要请大家指正。我在中国的时候早就常听人说起这个会，都说：‘可以使不同国籍的学生们聚在一处，彼此观摩学问，并且可以联络各国国民的感情，用意真算是最好了。’我听着，就羡慕得了不得，想不到这次竟蒙诸君相招，又蒙引导参观各处，真是十分荣幸！并且听说贵会里各国的学生常常排演本国的戏剧，请别国的学生来看。这种办法，鄙人极端佩服！大概演戏的原则是把社会上的历史、风俗、道德、人情种种情形，用美术和滑稽的思想表演出来，这样才容易引起人的兴趣和注意，这样才与讲演有分别。比如若把本国的事情讲演一番，台下听众受的感动，总不及用戏剧方法排演一回感动得深。所以鄙人以为用戏剧来联络各国国民的感情，是最好的方法。鄙人这次到美国来受这一点小意思的鼓励，也是一个原因。不过自己的本事实在不够就是了！但是既知自己本领不足，只好希望努力耕种，不管收获如何了！这次来，蒙诸君提倡揄扬，竟得了一点意外的成功，实在感谢得很，不过鄙人所希望于诸君的，不但是提倡，还要说多多指教才好！况且鄙人这次来美重要的目的，是要吸收新文化，是要求学，所以与一个学生没有什么大分别。希望诸君抬爱，以旧同学匡正指导新同学的热心诚恳，来匡正指导鄙人，使鄙人能得一点新学问，新知识，回去贡献祖国，鄙人更感激不尽了！”

说完，全场大鼓掌，一直延长了十分钟。

与美国学界交往

普林斯顿（Princeton）大学校长海本君（Hiben）和北平燕京大学司徒雷登校长是最好的朋友。因为这次梅君到美国，司徒君极力赞助，所以该大学教授诸公虽然素不相识，也非常的帮忙。未到以前，他们就不断地宣传，到了以后又常常指导，并且要请梅君到该大学演戏，本来已经说妥一定去演，但后来因为有别种关系，没能去成。以后又请去参观大学里的设备，又因太忙终于没去。直到现在，梅君一提起来还觉着过意不去呢！

卑尔格得（Bel Geddes）博士是一位大学教授，是很负盛名的导演，也是一位极有名的光学建筑家。大概现在美国剧场最新的用光法，大半是由他布置的。一天，他请我茶会，在座的四五位也都是有名的光学家、导演家。卑尔君对我们说："这些年欧美演剧对布景非常讲究，不过有时于演员颇有损处，并且因为过于讲究，就时时感到困难，所以现在常想把布景免去，或者使它越简单越好。现在改良起来，美国演剧自以为够简单了，哪知看了梅君演戏，才知道中国剧原来就根本不要布景。这实在是意想不到的，并且实在是艺术组织最高的地方。"喝完了茶，引导我们参观他的工作。一进他用功室，就可以预觉出他是一位光学大家，因为满屋子里——墙上挂的，案上摆的，完全是研究光学和建筑学的图案。按照各图，卑尔君都给梅君一一详细地讲解。他的最新工作是一个大工厂的图案，里面有很多利用光线的工作房间。另外还有两个剧场图案，是预备献给一千九百三十三年芝加哥"美术博览会"的新建筑。这两个剧场：一个预备建设在米什干湖的湖底，使观剧的人一进场就感觉有身坐深渊海底的趣味；一个预备建在湖面，使观众可以划着小艇任意在湖上来往徜徉看戏，使人有一种幽美自由的意味。湖面湖底剧场，都有池座、包厢等，设备非常完满，这真是新的发明。假如这种计划能实现，我相信天下又要多增一名胜，文学上更要多加若干美事呢！我有一篇《谈西洋剧之用光法》，可与此合看。卑尔君又被约为芝加哥博览会关于戏剧的筹备主任。他很想约梅君在开博览会的时候，演几天戏。并且他意想中曾要编一出戏，创一种极特别使人想不到的布景和场子。约各国的名脚加入担任演员，这实在是剧界的创举，他想请梅君也加入作一个正脚，梅君已经答应了。

威尔佛雷德（Mr.Wilfred）是一位极有名的大光学家，从前曾帮助一般戏剧家研究光线的支配法，近来就专研究纯粹用光线感动人的情绪，刺激人的神经，他曾说："不必借重戏剧的表演，也不用布景的衬托，就可以使人发生喜怒哀乐的感情。"一天，他来约我们去看他的新发明。一进他的屋子，就看见星罗棋布，到处都是机器，他实验开演了一回给我们看，果然光怪陆离，变化无穷，奇妙异常。并且看时，忽喜、忽悲、忽惊、忽惧，一时百感交集，这真是见所未见，不禁惊异美国的科学文明已进步到这样！我有一篇《谈西洋剧之用光法》，可参看。演完以后，威尔佛雷德君说："研究的还没有成功，所以现在并没有公开发表——还在秘密着。因为梅君远路而来，再见不知何期，所以特请参观参观，至于本地人见过这机器的，不过只有三五个而已。"

杜威博士等请吃晚饭，主客合起来共有五十多人，都是大学教授或是老博士。大家对中国剧和梅君的艺术都极端赞美，并且有很多人还向梅君详询中国剧的组织和特点。杜威博士说："这次美国人得以瞻仰东方文化，大家都非常愉快。我时常想把高深美妙的东方文化搬来，让美国人看看，但是苦于我没有这种能力，不过只仗笔来写写，嘴来说说，此外更没有别的好法子。现在竟得梅君亲来表演，实在是件最痛快的事了！我不但为梅君成功庆贺，我实是为东方文化庆贺，借梅君之力，得以把它的美点宣传表现出来；又为美国人庆贺，借梅君之力他们得以瞻仰最高尚的东方艺术。那么梅君沟通两国文化，联络两国的感情，其力量真是大极了，佩服！佩服！"

芝加哥美术博物院院长乐佛尔君（Dr Laufer），特请我们到院中去参观。到了以后，院长亲身引导观看一切，并加以解释。他说："大致博物院的性质都是为沟通各处的文化而设的。本博物院也是抱着这个宗旨做法，所以对各处与文化有关系的美术作品，都尽力搜求；对东亚的文化，尤其注意。但是费了二十几年的长时期，用了几千万的巨款，所生的效果还不及梅君在这里演两个星期的戏大！"

芝加哥大学全体教授请茶会，校长因到外省去了，所以没能见面。有一位教授说：“芝加哥一埠本算是内地，与纽约海口的地势不同，所以风俗习惯也稍有分别。本地居民看见的外国戏较少，见过中国戏的人更是寥寥无几，这次梅君来表演，使本地人得看中国极高超的文化，大家非常感激。并且本地人也极能领略戏里的意味，同声赞美。这足见这次梅君沟通文化的成功。我们真该为中美两国国民庆幸，代表两国国民向梅君道谢！”

旧金山大学校长请吃午饭。饭间，校长说：“梅君这次到美国来，用自己极高深的学问和技能，表演中国极高尚的美术，使美国国民得以瞻仰东方的优美的文化，大家都快乐的了不得！比如昨天晚上有许多学生去看梅君表演《春香闹学》，回来非常满意高兴。滔滔不断地议论剧情的有趣，梅君表情的活泼。我对他们说：‘你们不但要快乐，并且极应该感谢梅君呢！不然哪里有这样优美的戏剧给你们看！’”梅君笑着说：“学生看了《闹学》恐怕于学风有碍吧！”校长说：“这里学生扰乱的情形，恐怕比春香的还要厉害呢！”说的大家都哈哈大笑。

罗森城波摩那（Pomona College）大学校长晏文士君（CharlesK. Edmunds）对我说：“本校教授公会已经议决，赠予梅君一个文学博士荣衔，您同意不同意呢？”我说：“当然同意！”后来他和梅君说，征求梅君的同意。梅君答云：“贵校的美意，我感激不尽，但是我实在不敢当！”校长说：“梅君这次来美国演戏，宣传东方美术，联络中美感情，沟通世界文化，这样伟大的功业，几十年来还没有过，所以本校才议决把这个荣衔赠予梅君，梅君不敢当，谁敢当呢？”梅君无法推辞，于是就这样议定了。按学校赠给荣衔的规矩，应该等行毕业礼时举行，但是因为梅君船期已定不能等候，所以特定一天举行。那天仪式极为隆重。我有一篇《梅君受文学博士荣衔记》，记载此事很详细，可参看。

波摩那大学校长来谈赠博士衔的第二天，南加州大学（Southern

California University）校长也来说，愿赠梅君一个文学博士荣衔，梅君感谢地答应了。举行授衔那天，正是南加州大学的五十周纪念。得赠博士荣衔的有五六十位，再加上本大学的毕业生一百余人接受文凭，都在该大学的大礼堂里举行典礼。参观的人有三千多，仪节非常隆重。校长每授给一人学位的时候，台下一定大拍掌。给梅君的时候，更是全场掌声雷动，一直延长了两分钟。

哈威夷大学校长格尔佛德君（Dr.David Crawford）特请参观他们的大学和图书馆等处。

以上所写的学界的赞助，只是个大概。此外还有许多教授的极有价值的谈话，因为当时匆忙，没能够记下来，以致现在都忘了。并且不但把很多有价值、值得研究的议论没能写出来，就是所写出的这一点，也是残缺不全——甚至把许多谈话中最精彩的地方也遗去，这是最可惜的。

社会民众的欢迎

齐如山

当我们坐“坎那大皇后”船到坎那大省维多利亚的时候，船还没靠岸，就远远望见在码头上有几千人向这边看。我们都奇怪，这样多人在那儿做什么呢？想不到梅君一下船桥，大家都蜂拥过来，拍手欢呼。我们才惊喜原来他们都是等着看梅兰芳的。因为我们出国以前，在坎拿大地方并没有布置，宣传更是一点也没有，谁知船一傍岸，居然有这样多不相识的朋友们在等着欢迎，实在出人意料之外。

在西雅图，有中美商界联合开“欢迎梅君兰芳大会”。市民们早就得着这个消息，到了那天，梅君没到会以前，在会址门口就立了成千成万的人等着看梅兰芳，把一条大街都挤满了。等梅君一到，都轰然拍掌，梅君脱帽表示谢意，大家也立即脱帽还礼，一时但见万帽乱舞。直到梅君进了会场后，大家才欢喜地散去。

由西雅图坐火车到纽约去的时候，沿路各站都有很多人在月台上等着瞻仰梅君丰采。火车一停，就有的拥上车来请签字，有的在车外脱帽行礼，一直乱到车开才得清静。尤其是到了圣堡尔（St.Paul）和芝加哥时更热闹。在芝加哥因要换车，一出月台，便见人山人海，四面一看，都是扬着乱摇的雪白手绢。挤着来求签字的更是一个还没写完，那个早又递过，简直应酬不过来。

我们到了纽约车站的时候，看热闹的人更多了，秩序颇乱，后来有警察们由月台口到车站外门两旁都用绳子拦隔众人，在人丛中分开一条道路，另外有十几位巡警随行保护，才得安然走出来。两旁有脱帽的，有摇手绢的，更有许多抛鲜花的，抛得梅君满身都是鲜花，当时情景非常好看。梅君沿路脱帽，表示谢意。以后又有许多人拿着鲜花，亲身送到梅君手里，梅君也感谢地一一接收，后来接的抱不了，我就替他抱了好多，到旅馆后数了数，一共得了鲜花八十几枝。

到纽约以后，有几家大商店派人来商量，想借梅君的行头在商店玻璃窗里陈列几天。我们商量的结果以为固然是商店广告的性质，但间接也是替梅君宣传，所以就答应了他们。等陈列出来以后，那些商店窗前果然挤挤攘攘，围看的人不断。

自从开演以后，纽约各处街谈巷议，茶馆酒铺里的坐客们，大致十之七八都是谈论梅兰芳。有人说："梅兰芳真是大艺术家！"有人说："台上所说的话我们虽然不懂，但是看梅兰芳那样好的表情，也至少可以明白了十分之九。"有人说："怎么梅兰芳扮起女人来比一个真女人还好看呢！"有一天，我和朋友们到一个饭馆里去吃饭，听见邻座几位正在高谈阔论。有一位问一个很漂亮的姑娘说："你看过梅兰芳的戏了么？"那位姑娘说："我所有的亲戚都看过了，就是我一个人还没去过呢！"那个说："你实在应该去看看！"姑娘说："我起初总想既不懂音乐又不懂语言，一定没什么趣味。谁知他们看了回来，都说好得了不得，又说表情非常细腻灵活，一切情节看得非常明白。被他们说得我也心动起来，急着要去，不想这几天又总买不到票了！"那个人又说："不但表情细腻——你只要看他手的动作，样式那种好看，真是形容不出来！"姑娘又问在座的别人说："这话是真么？"

大家一齐说："实在是真的！尤其是你这大跳舞家，更该去看看，并且于你以后跳舞，一定有很大的益处。"姑娘说："凡看过的人都这样说，我更懊悔早不去买票了！不过，我一定要想法子去一次。"又一个说："怕你看了以后还要想看呢！"

一天，我们看自由神，在码头上候船的时候，就顺便到附近一个小公园里去散步。走了一会儿，旁边就围了一千多人。梅君每一出门总是这样，不必都详细地说了。

纽约有一个大花厂，忽然出了一种新花，该厂经理就到我们住的旅馆来，问我们说："我们厂里出了一种新花还没有起名字，我想把它叫'梅兰芳花'。一来作梅君到纽约的纪念，二来我们厂里可以借这个机会宣传——使人容易注意。梅君愿意答应么？"梅君立刻就答应他了。他非常高兴，就将花和梅君合照了一张像，到各处宣传，果然全市哄动。过了几天，就是"鲜花展览会"，他把梅君的相片和花摆在一处，又写了一大篇说明。那天他特来请我们去参观。一进会场就看见各种花卉陈列着，烂漫如锦，鲜艳射人，非常美丽，可是大家最注意的却是"梅兰芳花"。花旁很多的人总是拥挤不动。这固然是人家对商业的用心无微不至，但也足见美国人民对梅君的心理了。

在纽约演戏的两个月里，天天总要接到几封南方各城学界团体、公共团体和各个人的信，都是欢迎前去演戏，差不多都是说："看见纽约的报纸，知道中国戏非常高尚古雅，还有朋友们从纽约来的信，也说凡看过梅君戏的人，都说中国戏古雅，梅君的艺术高妙。我们看见这些报和这些信对中国剧对梅君羡慕得不得了了。盼望梅君到这里一演，饱饱我们的眼福。"等话。

到了旧金山车站，一出站台口便见有许多人等着看，挤得一步也不能走，连栈桥和房顶上都站满了人。后来因为市长命巡警极力维持，才得出来。沿路两旁停立的人也有好几层，还有许多人坐着汽车，停在街上等着看。梅君和市长同坐一车因为人太拥挤，所以车走得极慢。走过几条大街，才到欢迎会会址中华大剧场。一路见的都是万头攒动，白花花一片手绢，黑压压一层帽子，在空中乱摇，人声喧哗，非常热闹。到中华大剧场后，休息了一会儿，就举行欢迎会。来赴会的更挤得没一点空儿，连窗外都立满了人，伸着头扒着玻璃向里望。

我们到旧金山的第二天，旧金山妇女会——听说共有会员五千多人——就派了五个代表来表示欢迎。她们说："旧金山这些日子裁缝太忙了！"我们问："为什么呢？"她们说："因为听说梅君到这里来演戏，有许多妇女都要特制时新衣服去看戏，所以裁缝特别得忙，这真从来少有的现象，可是现在已经满城的人宣传，以为美谈。"

一天，到埠外赴朋友的宴会，回来的时候要乘飞机，但是买飞机票时须写姓名。那飞机公司里的人一见有"梅兰芳"三字，就特别招待，并且给下机的站台打电报报告，嘱咐他们对梅君务必小心护卫。下机站得到这个电报，立刻宣传到外面去，等我们下飞机出站的时候——距上飞机不过十几分钟——在门口等着看的人已经有六七百人了。

在罗森城的时候，一天去逛狮子囿，这是世界最大的一个狮囿，地方共几百亩，养着狮子一百多头。可巧那天参观的人很多，我们到得太晚了，囿门已经关闭，后来和囿主说明，囿主破例派人重新开门，并且引导我们各处参观，看完后，一出囿门，等着看梅兰芳的人早又聚了一千多，求签字的更是不断，一直签到天色黑了大家才散去。

檀香山有一种风俗：凡是欢迎一个人时，都要把一条花绳套在他的脖子上，说"Aloha"（幸福的意思）。这绳不许摘下——至少非回家才可以取下——因为摘了去便是对送花人不恭敬的表示。我们到了檀香山，船一靠岸，就拥了许多人来给我们送花绳，梅君得的尤其多，他脖子上套的各色花绳已经过了头，盖着眼睛看不见事，没法子，只好道了歉，将绳摘去。但一会儿工夫，又套满了。这样一直摘了几回，套满了几回。据本地人说：“这是从来没有见过的盛况。”

总而言之，梅君每到一埠，演过一两天戏之后，便听见到处大街小巷，茶馆酒肆，差不多都谈论梅兰芳。无论他们的议论注重哪一部分，但都同样的赞美。梅君若是到了一个地方去逛，总有许多人等着瞧。总之，梅君每到一处几天，哪儿的人便像吃了兴奋剂一样，全城鼓舞起来。谈梅兰芳，看梅兰芳，听梅兰芳——这种情形，也不能都详细写尽，以上只不过在每城举出一两件事，就可以知道各处人们对梅君欢迎的情形了。

新闻界的反响

齐如山

我们到了坎那大的维多利亚埠（Victoria），船还没靠岸时，就有三家报馆的记者来访谈，并且给梅君照了许多相。有一位访员说："两年前就听说梅君要来美国，那时坎那大各报关于这件消息登载得非常多——差不多天天有——不想现在果然来了，正如旱时久盼的雨居然下了一样，大家的高兴可想而知了！但不知梅君在美国演完以后，能不能到坎那大演些日子呢？"梅君回答："现在还不能定，但是若在时间的可能里，我非常愿来坎那大观光！"那位访员说："您若定准来以后，务必赶紧给我来一个电报，好在报上告知久盼着你来的人，也让他们喜欢喜欢。或者您若有应该发表的文字材料，很盼望寄来，报上一定充分的登载。这并不是专为梅君个人宣传，而是把东方文化介绍到坎那大省，这也是报馆应尽的责任。"

到西雅图和圣堡尔的时候，也有许多新闻记者来谈话，并且照相。

在芝加哥换车，只有一个多钟头的耽搁，可是新闻记者便来了十几位。他们发问："中国剧有什么特点？和美国剧有什么分别？"我们回答说："各国的剧本宗旨大概都大同小异。说到演剧的方法，可以用'歌舞'两个字概括中国剧。因为在中国剧里，没一点声音不是歌，没一点作用不是舞，处处都用美术的方式表演出来。这种地方是与美国剧像真动作不同的。”记者又问：“在纽约演完以后，是不是还到芝加哥来一演？”梅君回答：“一定来的！”记者说：“梅君这次在纽约一定能得大成功。不过，我们希望你若有什么要宣传的文字材料，只管寄来，一定按次发表，绝不能耽误。”又说：“梅君这次到美国来，正是沟通两国文化的绝妙办法，也正是报界赞助沟通文化的绝好机会。”等等的话。

到了纽约，一下火车便看见月台上立着许多照相架子。听见旁边的人纷纷议论：“这些照相机都是新闻记者预备欢迎梅兰芳的！”接着有许多访员来欢迎，在站台上只照了很多像，并没有长谈。到旅馆后，又来了许多访员，不仅纽约的新闻界，连各国的访员都有。他们都说：“如果有要发表的材料，只管交给我们，一定尽量地发表，并且无论什么时候，只要有用我们的去处，都可以极力帮忙，有嘱咐都愿照办等话。当天和第二天早晨的各报纸上，就都是“梅兰芳”三字了。

在一个报上，有一段梅兰芳的新闻，标的题目是：“受五万万人欢迎的一位大艺术家梅兰芳到纽约了！”他所以要写五万万人，意思大概是：中国有四万万多人，日本有一万万多人，合起来差不多有五万万。这个新颖的题目非常惹人注意，曾轰动一时。

开演以后，各报更是极力的赞美揄扬。其中《纽约时报》（New York Times）向来不注意戏剧，尤其不登戏评，这次竟做了一篇长文章，对于中国剧和梅君个人都极力称赞。并且还把这篇文章登在报面，占了两大行。纽约人士都互相传诵，认为这是一件极特别极可惊的事。

《纽约世界报》（New York World）也登了一篇评论，大概说：“看了梅君的戏，只能了解百分之五，就是在这五分之中，也不敢说一定是真的了解，但是看了还不到三分钟的功夫，我已经非常满意了。”又说：“我现在要奉告看戏的诸君：大凡看一种特殊或是新奇的艺术，起初总是不大容易领略，这是一定的道理。这次看中国戏，也是这种情形。起头一看，诸君一定感不到什么趣味，或者因为不懂，竟听得头痛也是有的。但是你们不可不耐着性儿听下去，倘若实在忍耐不住就请你们到戏园子外面去换换新空气，疏通疏通脑筋，再回去看。总要耐过十分钟后，再往下看，就自然会感到梅剧的兴趣了。若是听得稍有一点不舒服，你就走了，那可是把看高尚优美的东方艺术的机会失了！这才是一件极可惜的事情呢！”

《论坛报》（Herald Tribune）上，也写了一篇评论，大概说：“梅君天资聪慧，艺术高深，加以青年玉貌，所以这次来美成绩极好。头几天开演上了满座，还在人意料以内，想不到演了四个星期，天天满座，由此可知美国人对中国剧欢迎的程度了。中国剧的组织法极高妙，实在不容易学，可是竟有机会看这样好戏，看这样完美的艺术，岂不是一件极快乐的事么？”又说：“梅君的表情深刻不用说了，只要看过的人都可以知道就是他的为人，不但文雅，并且极谦恭和蔼，一个大艺术家能修养到这样，实在令人钦佩！”

纽约有一家希腊文报，也做了一篇很长的文章，来揄扬中国剧和梅君。纽约人对这篇文字非常注意，大概因为希腊本是旧有文化的国家，他们的议论一定有些特别的见解，中国剧由他们一提倡，更容易引起众人的重视。

纽约别的各种报也都纷纷评论赞美，都不把梅君看作平常的演员，不称呼他是大艺术家，就说是沟通文化的专使。各杂志也都是极好的评论，比如杨君（Stark Young）发表了几篇文章，极力提倡揄扬。他也真能把中国剧的妙点和梅君的长处说出。其余各杂志差不多也都争着登载，竭力提倡赞扬。有报纸和杂志这么一来，闹得全市喧腾，纽约各界人更另眼相看了。

一天，报界公会开历年大会，到会的共有四五百人，虽然各国的人都有，但都是本会的会员，只有我们几个人是特请来聚餐的。梅君一到，会长和各股主任、重要人员，都上前招呼行礼，并给各会员一一介绍，大家对梅君都非常恭维。席间畅谈一切，尽欢而散。第二天，各报就把这个聚会详细地登载出来了。这会里共有二十一国的通信员，所以各国的电报在第二天也都发出去了。这种鼓吹，对中国剧、对梅君都有极大益处。到了芝加哥，芝加哥报界公会也开了一个欢迎会。各报都极力地提倡，可是芝加哥的报和纽约的报，对梅君的观察点有一点不同。比如纽约报议论梅兰芳，总是用世界或欧洲各国的名脚来比较；芝加哥的报就总用美国的名角来比，虽然他们议论的范围不同，但提倡的美意是一样令人可感的。

到旧金山，报界也极帮忙。在那里演戏的第二天，就有一个报上说："东方各报对中国剧的组织和梅君个人的艺术批评的很多很详细，并且都是非常恭维，但是据我看来，还没有把梅君的妙处说尽。"

又有一个报上说："我从前看过几次'唐人戏'（唐人戏就是广东戏，在旧金山有两个班子），当我没有看梅兰芳的戏以前，总以为既都是中国戏，一定差不了许多。谁知道看过以后，才知道梅兰芳的戏距唐人戏远的程度，比美国戏距唐人戏的程度还远得多！"

罗森的新闻界也很帮助，我们还没有到罗森，刚到旧金山的时候，就有很多罗森的访员来访谈，有几家报馆都来要材料，好拿回去预先宣传。

檀香山火奴鲁鲁只有一家英文报，报馆的主笔就是前任檀香山的总督。我们没到以前，这报就有很多宣传，既到了以后，该主笔又特约我们相会，对一切事都详细指教。报上对中国剧和梅君的艺术都极力说明赞美，深怕本地人们感不到兴趣。

总之，梅君这次在美国的成功，报界的力量很大。可是报纸的效力，完全在他们自动发表的评论和新闻来提倡，若只靠我们自己登广告，那不但花钱太多，效力也就差多了。

与美剧界的往来

齐如山

贝拉司克

到纽约的第二天，有一位大戏剧家名叫贝拉司克（Belasco）的就来了一封信，大概说："梅君这次挟着东方艺术到美国来，我极端的欢迎。但是我现在正病倒在医院里，不允许我出门，既不能看您的戏，又不能当面来欢迎您，我除了自己难过外，还觉得非常抱歉。只有此刻先诚意地祝您成功，等我病愈以后，再来拜访畅谈吧！"等等这些话。贝拉司克君现在已经七十多岁，是一位极大的名脚。他自己又能写剧本，又能导演，可以算是纽约戏界的全才。他一共编过剧本一百六十五种。也曾在巴黎演戏，博到很大的名誉。所以美国人士，无论戏界、学界或是别的界，都很尊敬他。现在有他这样一恭维梅君，于是戏界的人们也不敢忽视了。当梅君在纽约将演完的头一天，贝君特别带着病来看戏，看完以后，到后台与梅君会面。他一见到梅君，就很恳切地握着梅君的手说："君真是世界上的大艺术家，怎么能叫我不佩服呢！这话并非虚誉，实在是我竟不能把我对您的爱敬形容出万分之一来。"又问梅君，演完以后在纽约还有多少天的盘桓呢？梅君说："还要住两个星期。"他喜悦地说："那好极了！我现在还没有十分健愈，大夫本来不允许我出门，今天因为您将要演完再不来看，恐怕更没有机会瞻仰东方戏剧和您的艺术了，所以我勉强地才出来这一次。若再等一个星期就可以出医院了，到那时我得了身体的自由，一定要请您看看我编排的戏，并且请您参观参观我收藏的物件。”梅君回答说：“要能这么样，我非常的高兴，非常的感谢！”过一个星期，我们到他家里去参观！他所藏的书籍很多，摆满了三四间屋子，其中有各国的剧本和各国讲布景、讲行头、讲戏园建筑、讲电光和讲布置戏园子等等的书籍。大概关于戏剧的书最多，其余也有小说、笔记、历史、诗歌图书等等。又有一间屋子，满陈列着贝君历来排戏布景的小模型，由这些模型摆列的次序，可以看出社会上对布景欢迎的趋势来。大概布景以像真是最要紧的一个主脑，可是有时时兴繁难一路的，有时时兴简单一路的，有时候极欢迎用电光，有时候就不大欢迎电光，这要看台下的眼光趋向怎样，就怎样布置。贝君都一一的指示讲解，加之他明确的言谈，听着极有趣味。其余别的房间所盛的就是关于历史的物件了，其中拿破仑时代的东西最多，然而直接间接也都是与戏剧有关系的。如历代的旗帜、器械、乐器、家常用品等等，差不多都可以作为排戏的参考品。看完后，大家合摄了一张相。照完了相，就去看他编的戏。以后又领着我们去看后台和机器房、电灯房的布置，也都一一指点着讲解。据他说有许多关于电光的材料还是特由德国买来的，因为美国还没有这种出品呢！由此足见他们研究一件东西，真肯细心的追求，不怕费事。

卡瓦尔

有一位大导演家名叫卡瓦尔（Carl Cauall），是一个大剧场的主任。他曾在上海旅住过二年，回国以后，就专注意戏剧，对于电光很有研究，所以在纽约剧界极负盛名。我们到纽约的第二天，卡君就特到旅馆慰劳我们，并且说："在纽约演戏，电光很重要，你们这次有没有带电光器具来？有人负责安置没有？"我们告诉他，对于电光一项，一点也没有预备。他说："不妨事的，我可以极力帮忙。"又说："我在戏界里稍有点名誉，各剧场后台的办事人们对我也都有相当的感情和信用，我可以随便使唤他们。我回去一定告诉他们，把各种材料预备妥当，如果有来不及搜寻的，可以把我剧场里的器具搬去用，就是我没有的，也定可以很容易向别人借来。好！就是这样！这件事情完全归我担任！梅君几时排演，只要通知我一声，我立刻就来替您安置一切。"既然有卡君这样热心帮助，我们自然很放心，很感激他。到了排演的那天，卡君老早就到了，问明各出戏各场各段的情节，唱词的意思，身段的动作，然后才能把电光配好。当时因梅君太忙，我便替他自出场起到剧终止，某段应该在什么地方，或坐或立，或喜悦悲戚，连唱工带说白，共需多大工夫，都一一照戏台上表演出来，卡君按着一一配制电光，一共费了四个钟头的工夫，我已经觉得很疲乏了，可是卡君还精神勃勃，一点也不嫌烦地仔细研究，不单他做事不疲的精神令人佩服，就是那极端的热心，也着实令人可感。

剧员俱乐部

纽约有一个剧员俱乐部（The Players），会所是从前一位戏剧大名脚波司君（Edwin Booth）捐助的，会员都是很有名的人，里面十分之八九是剧界里人，不过有一个条件：非是名脚不能入会，十分之二是各界有名的人，如有大画家、影摄家、导演家、著作家和新闻家等等。总之各界中出类拔萃的人才能入会，所以这个会算是剧界最高的机关，是专为剧界与各界联络感情、研究学问的一个机关。有一天，他们用全会的名义，请我们晚餐。梅君到场时，全体会员二百多人，起立鼓掌。会长哈普顿君（Hampden）立起来致词。他说的大概如下：

“本会前任副会长肯纳君（Skinner）现在到西方办事去了，他离开纽约的时候，曾来本会对办事员说：‘梅兰芳这次到美国，是负着艺术界重大的使命来的。这一对于美国有极大益处，能使我们增加无限知识。本会应该开会欢迎，典礼尤其应该隆重，才能表示我们对梅君的敬意。’现在史君因有要紧的事，不能在纽约等候梅君，临行时谆谆嘱咐我，务必要开这个大会。所以梅君一到，我就与梅君商量了几次，想定一个日子，但是梅君太忙，直到今天才有工夫，果然惠然肯来，本会实在荣幸得很！

本会成立四十几年以来，对于这样盛大的欢迎会，只举行过两次，十几年来这是第一次。

梅君这次到美国来，不是一个简单的演员，而是宣传东方美术，沟通世界文化，可以算是文化界的大使。所以本会今天欢迎梅君，不但是欢迎梅君个人，而且还是欢迎东方的艺术；不但是本会众位会员欢迎梅君，实在还是波司君不朽的精神欢迎梅君，是代表全国艺术界欢迎梅君。

说到中国剧的组织和梅君的艺术，已经有很多人议论得很详尽了，所以今天好容易聘到梅君，大家都愿意和梅君谈谈，叙叙渴慕，所以我只把自己见的很简单地说几句，省得耽误工夫。梅君扮女子，不见得像一个真女子，却像美术中的女子，比真女子还要美得多。不但看梅君扮相须这样的看法，看中国剧处处都应该这样看法，因为中国剧处处都用美术化的方法来表演，实在是艺术界极高的组织。”

哈君说完，又有某君读了一篇印好了的欢迎辞。念完后，大家一致握手庆贺。又把波司君的一部历史赠给梅君并且把这本书特制了一个书皮，面上印着“赠与梅兰芳君”的字样，交与梅君的时候，郑重声明：“这本书向来不轻易送人，以前更没有特制书皮的举动，边次所以要特制书皮，是表示对梅君特别隆重的意思。”梅君感谢地接受了，以后，请本会各界里最出名的人，略献小技来助余兴。有两个人唱歌，一个人自弹自唱，还有一个人做幻术，各人的技术都非常优美。余兴完了后，又引导我们参观各屋里的纪念品。其中书籍最多，关于戏剧的作物也不少，此外就是历来各剧场所排有价值的戏剧全体化妆影片和各剧场布景的模型，以及历来各名脚的相片等等，罗列满屋，若一件件比较着看起来，非常有趣。梅君也送给会里自己所做的一张画和一对纱灯，作为纪念。并且也有小小的一段答词，大致如下：

“鄙人这次来到贵国，蒙贵国人不弃，非常愉快。又特别受本界诸位前辈的提倡奖掖，尤其荣幸得很！鄙人的艺能还很幼稚，望诸君多多指导才好。

“鄙人有一个意见，比如社会主义里面有一句话说：‘全世界工人联合起来’，鄙人也盼望全世界艺术家联合起来。鄙人这次来，本要吸收些新大陆的新文化，回去贡献祖国，所以非请诸君多指教，才可以使鄙人不白来一次，尤其聘望以后诸君，连袂东游，使敝国人得扩眼界，也使鄙人借此聊尽地主之谊。”等等。

说完后，闲谈了一会，就举行了聚餐，所备的饮食也极优美。

纽约剧界总会

纽约剧界总会（Actors Equity Association of America），规模很大。有一晚请梅君晚餐，到会的共有五百多人。梅君一到，全场轰然起立欢迎。会里特赠梅剧团诸君该会的名誉会员证，请梅剧团全体入会作为会员。这种举动是从前所没有的，这次是极力表示欢迎钦佩的意思。

有一天，会长来访梅君说：“纽约还有演剧家、歌唱家、音乐家，都十分渴望看梅君的戏，可是还没得看的，这是什么原故呢？因为梅君每夜演戏的时间，正是他们出演的时间，虽然每逢星期三、星期六有白天戏，但可巧他们在这两天也有白天戏，仍是不得来看，你想这有多么苦恼！所以他们商量好了，派我来向梅君请求，想请梅君在无论哪个星期四演一次白天戏，他们就可以来瞻仰了。否则，梅君这样大的名脚来到纽约他们竟摸不着看，实在是件大憾事。所以才不得已叫我来向梅君提出这分外的要求，并不敢请梅君一定答应，他们的意思是要和梅君商量商量，假若梅君以为可能破例儿一遭，他们就感激不尽了！”他一说完，梅君立刻答应了。这也是一件从前没有的事。

其　他

自从在纽约开演以后，本市的评剧家、写剧家、演剧家、歌唱家、音乐家、剧场经理等等来看戏的很多，有看三四次的，有看五六次的，甚至有看十几次的。他们每逢看完了后，一定要到后台与梅君打招呼，遇有不明了的地方，就必要详细询问，并且述说他们的感想和意见，也常请梅君到他们剧场去参观，看他们演戏。总之，他们的热心盛情是极可感的。现在把他们的批评和招待，大致写几件在后面，就可以想见其他的了。

有一位大女戏剧家叫孔卑尔（Mrs.Patrick Compbell），在纽约很享盛名。梅君演戏，她曾来看过五六次。她对梅君说：“在戏台上的举止动作，处处都有一定的规矩，可是并不显着呆板，实在比西洋剧高出几倍。”又说：“以前听人说中国剧是陈旧的，然若用艺术的眼光详细察看，就知道实在比西洋戏中最新的还要新。梅君在这里演戏以后，美国剧一定受极大的影响，或者要把组织变化变化，变成中剧化，也未可知。”

又有一位女名脚名叫达佩尔（Mrs Ruth Draper），是一个创演“独角戏’的大家。她看了五次梅君的戏，非常满意。她说：“常看书并且常听人说东方的文化极高尚，惟独戏剧一层还没有人议论过，就是有说的，也不过一言两语，随便就带过去，绝没人详细议论过。这次梅君来演，才使人亲眼得见真正的中国戏剧。我看了几回，真是叫人五体投地。中国剧组织法的高超，思想的奥妙，实在梦想不到。当初我创‘独角戏’的时候，就拿定主意不用布景，一切情节事故，都要用抽象的方法来表演，但是有好些地方若单用抽象的表演办不通，又想不起好法子来。这次看了中国戏以后，才恍然大悟，原来中国戏早就完全用这个法子，并且处处安排得非常妥帖美观。有许多地方我没有办法的，以后也都有办法了，这是多么愉快的事呢！推其源，不能不谢谢梅君，倘若梅君不来，我往哪儿去看这样的好戏，得来这些暗示呢！”她又请我们看了两次她自己编排的戏，表演得非常活泼深刻，足见她真肯用心，也是绝顶聪明，才能做到这样。无怪乎每次出演，一定要卖满座。至于她演戏的情形方法，我有一篇记载，叫《观达佩尔女士演独脚戏记》，写得颇详细，可以参看，这儿不必再说了。

有一位大戏剧家丽嘉利女士（Evala Gallsene），是创演所谓“小孩戏”（Peter Pan）的头一个人。所演的戏是专为供给小孩们看的，她对于观察儿童的心理，启发儿童的思想，引起儿童正当的趣味等等，很下过苦功夫来研究。每逢出演时，观客总是拥挤不动，可是十分之八九都是天真活泼的小孩们，所以这位女士也很有名。梅君出演以后，她虽然不是天天来，但是至少也看了十几回，并且总是在后台看，为的看真切些，因为她想研究研究中国剧的原则。每次看完后，也一定把她觉得疑难的询问清楚，然后陈述她的意见。她对中国剧的组织法和梅君的表演法，极端佩服恭维！但是除了议论戏剧以外，对我们非常热心，关于在纽约一切办事交涉的头绪，帮助我们很多。如与戏馆子应怎样交涉，应怎样办理，广告应怎样登法，各种事情应该怎样布置，在后台办事和工人应该怎样对付，这种种的琐碎小事，都一件件地详细指教，她曾约我们看了两回她的戏，她在博闻剧场（The Cire Repertory Theatre）出演。我们一到戏馆子门口，她就派人来招待，非常周到客气。一进去果然看见满园都是小孩，精神极活泼，都兴致勃勃，眼里满含着兴趣的目光向台上注视着。因为所演的戏于小孩的心理极有研究，所以特别受小孩的欢迎。台上演员和台下小孩，偶然也有问答的时候，发语都非常有趣，耐人寻味。我看着不觉想起中国的小孩们来，可怜他们的娱乐是什么呢？我还想做一篇文字，专记载这种戏的演法，所以这里不必详细说了。看完以后，丽嘉利女士特请我们到后台参观，对于布景和戏台上各种组织都一一地解释，态度极和蔼热诚。临行时，送给梅君一大本书册，里面完全是她排戏的各种图样，订制印刷，异常精美。

克耳玛娜蜗女士（Madame Kermanova）是一位演白话戏的大家。她本是俄国人，但是在纽约出演多年，名气颇大。梅君演戏时，虽常常来看，看完以后总要到后台坐一坐。但是她性情沉默，不爱多说话，天天到了后台，点头赞叹会子就走了。对梅君个人尤其佩服。她新排了一出戏，叫《三姐妹》，编的是俄国故事，演时特请我们看了两次，女士自己饰一位大姐姐，是一个不爱说话的脚色，恰与本人的性情相合。

还有一位大戏剧家普隆科女士（Miss Vander Pleonck），也来看了十几次。她最恭维《醉酒》，说："没看《醉酒》以前，总以为女子喝醉了本没有什么好看的，若醉后调情，一定更不容易好看，不定怎么粗野卑鄙呢！真不知道在戏台上应该怎样形容法才好。谁知等看了以后，竟觉得醉态有醉态的好看，调情有调情的好看，中国剧能把人的情绪形容到这步田地，实在出人意料以外。就这一点，就可以知道中国剧组织法的高深，更可以知道梅君艺术的精妙了！"

此外还有许多名脚，看戏以后也都到后台来谈论。有的说："《汾河湾》最好，近情近理，人人能懂！”有的说：“舞剑的姿势最好看！”有的说：“中国剧的高雅，实与希腊古剧相同。”又有的说：“中国戏的规矩真妙，比方到相当的时间，我们觉得这时似乎应该唱了。果然就起了唱工，真令人看着舒服。”诸如此类的这些话非常得多，可惜差不多都忘了，尤其记不清哪句话是谁说的了。虽然他们所说的话不敢说不是有意恭维，然而真在行的话也非常之多。

纽约各大剧场如Mertropolitan Opera House等处，差不多都请我们去看戏，看完以后，一定约到后台参观，招待都很周到，但不必一一地详细说了。各名脚、各编剧家、各导演家、各剧场的经理都常常来看梅君的戏，剧场的经理、前台的人员对于这些人非常注意，每天只要他们一到场，前台的人必到后台来报告说：“某某名脚来了！”“某某剧家到了！”大概这是平常很难得的事情，所以前后台的经理都认为他们竟来看戏，真是极好的现象。他们不但都来看戏，并且都约我们去看他们的戏，又招待得非常客气。这种种情形乍一看仿佛没什么关系，其实发生的影响很大。因为中国戏与外国戏组织上差别的太多，所以普通美国人本不能了解中国剧，就是听人说好，也还不十分注意，等一听说各名脚都来看过，他们不免有些动心，既是本国的名脚都热烈欢迎，当然是好的无疑了，所以都要来看看，看过以后，以为好的不必说，就是以为不好也不敢说了，因为他若说不好，就好像外行似的。这是于叫座极有关系的事，所以每逢有剧界名人来看戏，前台非常注意，并且到后台来报告。若有一晚名脚来得特别多，前台的人们就高兴得了不得了。

艺术界的欢迎

齐如山

梅君这次到美国，艺术各界对他都很注意，比如电影界人、照相师、画像师、塑像师等来要求照相、画像或塑像的，差不多每天总有两三起。但是梅君因为晚间演戏，白天还要参观各处建筑和名胜，并且每天总有茶会饭局，简直没有一点闲空，所以实在不能允许他们照办，不过因此颇得罪人。因为有许多画像师、塑像师平常身份极高，声价极重，若有人请他们画一像或塑一像，就要几百元、几千元，现在他们自己找来不要报酬地给画、给塑，还不答应，那还能不得罪他们吗？好在他们都非常重视梅君，所以也能原谅梅君苦衷，不过梅君因为自家太忙，以致不能不拒绝了人家的好意，除了感激之外，还觉得很抱歉。可是有十几处，或因为他们名气太大，或因为有不可推却的介绍，都没法推辞、非答应不可的，现在把答应几家的情形，大概说说：

与影界的交往

到纽约的第二天，就有巴拉孟电影公司（Paramount）驻纽约的代表，来约我们到他们剧场里去看电影，并且去参观他们照电影的分厂。我们到时，招待很周到。他们很想约梅君照一部电影，然而一来因梅君太忙，分不开身；二来因这公司在纽约的分厂设备不及好莱坞总厂完美，所以商量的结果，规定到好莱坞时，再向总厂接洽进行。不过该公司仍要求随便照一点，作为新闻片子，梅君不好推却，答应他们在演完戏后就在演戏的剧场里便照一点，不过用一分钟的工夫。但因为化妆没有特别研究，光线声路也没有电影厂那样的好的布置，所以结果照的并不好，然而该公司运到剧场里好多照相机、电光机等等用器，费事也就很大了。

到了西方旧金山演戏的时候，好莱坞电影演员来看戏的人很多。在未看戏以前，他们都到旅馆来访梅君，表示欢迎。等看了戏以后，又都到旅馆来和梅君议论中国剧组织法的高妙，并且说："这次梅君到美国来演东方最高尚的戏剧，美国国民固然全部都极欢迎，可是我们电影界尤其欢迎。这不是瞎说，实在有个原因在里面：因为现在有声电影的趋势，有很多地方变得很像中国剧了，里面有说白，有表情，到相当的时候就起唱工，这种种情形简直跟中国戏一样。并且这种电影就是现在观客最欢迎的一种，所以各电影公司都还极力向这条路上追求。恰巧在这个时候，有梅君来演这样高尚的戏剧，作我们的宝贵的参考品，我们怎能不欢迎呢？怎能不从心里感谢呢？有几个电影界的同仁，曾在纽约看过梅君的戏，回来都互相谈论说：'梅君这次来到美国演戏，于电影界影响极大，益处也极多'，当时大家听了这种议论，还很疑惑，不大相信，现在一看梅君的戏，方知道他们的话一点也不错！"凡是来访谈的人，差不多都问梅君："几时可以到好莱坞？有意照电影没有？若照都是照什么戏，有多少脚色？”大概他们都有意接洽。我们谢了他们的热心后，告诉他们现在还不能规定，等到了好莱坞看看时间和情形再说，若可能还要请他们帮忙。

到了旧金山的第二天，就接到电影大明星飞来伯（Douglas Fairbanks）一个电报，大意说：“梅君若到罗森城演戏的时候，务必请到我家来住。”我们回了他一个电报，说：“这次去演戏，因为随行的人太多，并且每天总得对戏，恐怕有许多不方便，请不必费心了！不过您的好意，实在感谢得很！”过了一天，又接到他一个电报，大概说：“我已经把房子和一切的事情预备妥当了，无论如何非请在我家不可！就是排戏也不要紧，我有自己所用的电车，现在完全归梅君使用。”等话。他既说得这样恳切，情不可却，只好答应他了。又过了几天，飞来伯君又来一电，说因为有要紧的事，总得往英国去一次，家里的一切事，已经嘱咐他的夫人办理招待。又说“我在三五天里就须起程，起程以前，本想到旧金山去与梅君见一面，无奈我公司里的事情又多得不能分身，实在不巧，不过倘若能得几个钟头的工夫，我一定乘飞机到旧金山和您见一面，再由旧金山到纽约”等语。其实他本来早就规定好到伦敦去，但他怕预先说了，梅君因他不在家不肯住他的房子，所以等梅君答应了后才说出来，由此足见他对梅君的热诚。到了好莱坞以后，梅君和我就住在他家里，招待周到妥帖极了，并且请我们参观他们的电影场，他的夫人玛丽·璧克福（Mary Pickford）特意自己照了几幕电影给我们的，又给梅君讲解照电影的要点，并最应该注意的是什么地方，都一一详细指点。

到罗森的当晚，就见着贾波林君（Charles Chaplin），我不必说明他是一个什么脚色了，大概我们中国连小孩子都知道他的大名，互相谈了很久，说得非常高兴。他说：“梅君这么年轻，就享这样大名，真可算世界上第一个可羡慕的人了。”

在好莱坞时，有许多家电影公司请我们去参观。现在把我们所参观过的电影公司的名字，写在下面：

William Fox Studio.

Metro—Galdwyn Mayer Warner Brothers

R.K.O.（Radio—Keith Orpheum）.

Paramount（Lashy）

United Artists

Universal

Pathe

Mack Dennett Bristie Hal Roach

Metropolitan（Harald Lloyd）

Columbia Tiffowy—Stahl

以上所列的各公司，有的有很大的规模，设备也极完美；有的规模很小，设备也就颇简单。可是无论大小，我们都愿意去看看，一则因为人家热心来约，不好辜负他们的好意；二则大公司有大公司的组织法，小公司有小公司的组织法，参观大公司固然是开眼界，参观小公司于将来初次创办电影公司的时候，也可作为参考。

我们无论到哪一家公司，该公司的经理、厂长、电影师、电光师、布景师、各明星、各部分的主任，没有不极力欢迎招待的。他们对梅君的那种热诚真无法形容，只有令人心感。并且对布景的简略或精密，光线的强弱，留声机的远近，该幕表演的是什么情节，便应该怎样的布置，都给我们详细地讲解。各大公司各部分的主任都对梅君说："您如是要演电影的时候，我们都可以尽力帮忙。"可惜梅君因为种种关系没能演成，这不但辜负人家一番热心，就是自己也失了一个好机会。

在罗森城演戏时，各公司的经理和各部主任都曾来看戏，各电影演员和各部人员来看的人也很多，听说有许多都是公司里的经理怂恿他们来的。

与美术界的交往

有一位老画师，是罗马尼亚国人（Romania），在巴黎旅居多年。曾给好几国的君主、皇后画过像，名气极大。我们在纽约的时候恰巧他也来到纽约，展览他的作品，展览了不到三天，就把几百张画品都卖出去了（若有人请他画一张像，最少也要酬报五百美金）。梅君演戏时，他看过两回，对人说："梅兰芳实在配称是世界的大艺术家，我来到纽约恰巧他也在这里，我须画他一张像，才不辜负我来这一遭。"后来居然托人介绍到旅馆来访谈说："我在巴黎的时候，就常听说梅兰芳君的大名，那时候总想怎么才能和梅君见一面呢？恰巧我们现在同时到纽约了，我连着看了他两回戏，才知道梅君的艺术实在高超，真可以称得起是世界的大艺术家。我很想与梅君画一张大像，绝不要报酬，高约三码，宽也有两码，希望梅君答应我！因为这张画于我、于梅君两方面都有益处，为什么说都有益处呢？一则我这张画决不卖，将来回到巴黎时，把他捐到法国国家美术馆，我想这于梅君将来到巴黎演戏时，一定有点影响；二则将来我想到东亚游历一次，我若能把这张像制造成印刷品，作为宣传，一定于我有很大的益处，所以我希望梅君牺牲四五个钟头的工夫，容我画一张。"既然他说得这样诚恳，计划得这样周密，哪有不答应的道理呢！于是就开始商议，结果规定画一张《刺虎》费贞娥的像。画成后，果然很好，姿态也极生动。他画的时候也讲用笔法，和中国画家用笔相同。后来梅君在芝加哥演剧时，他把这张画像悬在芝加哥一个美术馆门口，每天那门口挤挤攘攘，围看的人不断。

有一位大塑像家，常在柏林巴黎停留旅居，专为名人塑像，价值也极贵。他曾托人来说要与梅君塑一像，不要酬，梅君答应了。他塑得很好，后来听说把这座像送到意大利美术馆陈列去了。他说，还要另做一个大理石的像，送给梅君呢！

纽约有一位大照相师，研究美术照相多年，有特别的发明。平常一张一尺的相，需要美金一百多元。一天他托人介绍，约梅君去照了几张相，也是不要酬报。照完送了梅君十几张相片，听人家说卖得很多。

又有一位美术家，专研究手的美观，每遇见有人手生得好看，他必要设法照一个相存留。梅君演戏，他来看了一回，以为梅君的手姿势非常美。以后又连着来看了好几次，却是专为来看手的。所以他特托人介绍，把梅君的手照了一相。并且约我们去参观他所影的美手的相，一共有一百多只手的姿态，大致都很好看。他说："我所见过美人的手很多了，但是比起来，要算梅君的最好看。因为女子的手无论怎样美，总不及梅君的长，所以梅君的手在戏台上可以说是世界第一美观的女子手了！"又说："梅君有这样美丽的容貌，妆饰起女子已经算是世界的美女子了，却又有这么一双美丽的手，真是老天待梅君独厚！"

罗森城也有一位大塑像家，他因为看着梅君的手特别好看，所以托人介绍，来与梅君塑了几种手的姿势。他的塑法是先将油涂在手上，然后用石膏把手包起来，用丝线界一道缝子，经过一分钟后，再行打开，里面的凹处便与手的姿势一丝也不差，塑完后，他问梅君："你喜欢哪两种姿势？我将来做好大理石的给你送来！"

类似以上的事情，大小总有几十件，若算那些来接洽因忙没有答应的，恐怕就不止几十，就有几百件了，现在不过提出几件来说说就够了，因为不过都是或直接或间接托人介绍——来求与梅君照相、画像、塑像，以至照电影，若是一件一件都琐碎地来说，那就未免太讨厌了。

观客的情形

齐如山

前几篇所记的都是各界揄扬赞助的情形，至于观客当时怎样，还须报告报告。因为看了这种情形，才能知道当时欢迎的程度，但是这种琐碎的情景也是记不胜记，不过大致写写就是了。

在纽约演戏的第一晚，观客就没有不满意的。第一出梅君演《汾河湾》，进窑的一段演完后，观客大鼓掌，“叫帘”（Curtain Call）到五次。第二出《青石山》，是朱桂芳与刘连荣合演，朱桂芳要大刀下场，极受欢迎，“叫帘”也有三次。第三出梅君舞剑一段，“叫帘”五次。末一出《刺虎》，这出更受欢迎，“叫帘”竟到了十五次，这实是剧场不多见的事情。演完以后，各界纷纷的送花篮、花把庆贺，花篮共有五十多个，花把有二十多个，梅君都抱不开了，赠花的还陆续地递给他，他又不能不接，于是拿着这一个，掉了那一个，引的台下乐个不得了。

又一位老太太看了《打渔杀家》，说：“中国的姑娘真好！无论自己多么不愿意，也要委曲求全，使她的父亲高兴。我们美国的姑娘，就永远不会将就人！”这大概是有所感的话。

又一位老太太，看了《刺虎》说：“费贞娥替她的皇帝报仇，思想真是高超，令人佩服。看她当着一只虎的面就笑，一背脸就恨，以那么年轻可爱的小姑娘竟有这样大的心事，又悲伤她的皇帝，又要敷衍她最恨的仇人，她那心里不晓得多难受呢！梅君也真能做得到家！”

有一位老太太对梅君说：“你生得这样好看，薛仁贵一定非常爱你，他赔礼的时候，就是你再多一会儿不理他，他一定还得想法子来央告你，你往后最好不要轻轻儿的就回心转意地就答应了他——非难难他不可。”

又一位老太太对梅君说：“我看了好几回戏，总没有看见你的手，直到今天看了《打渔杀家》，才得看见。你这两只手生得可是非常美观，不宽不狭，不长不短，不肥不瘦，指尖不秃不尖，皮肤又白又嫩，真是好看极了！我简直没见过这样美的手！可是你为什么把这么好看的手，永远用袖子遮起来呢？我盼望你以后演戏务必穿短袖，好使你那美丽的手，永远露在外面，让人可以看见。”

又一位老太太看了《醉酒》，来对梅君说：“皇帝约会下在一处饮酒，等人家把地方也打扫干净了，酒食也预备好了，他可一去不回来，杨贵妃怎么能够不难过，不闷的慌呢？心里难受发闷，就要借酒消愁，可是也就最容易醉，这是一定的道理，我也替你怪有气的，不过我想若是你派人去请皇帝，他一定会来的，既然他平常那么爱你，你为什么不派人去请他呢？”

又一位老太太，看了《打渔杀家》，也到后台来说：“可惜这么一位很可爱、很孝顺的小姑娘，闹了这么个大乱子，就逃跑了，她以后跑到哪里去了呢？我很想知道知道！”我们告诉她说：“她以后跑到一个城市，恰巧就遇见她的未婚夫，这也是一位又勇敢、又俊秀的少年英雄。以后二人就结婚了，并且二人非常相爱，很幸福地一同生活着！”这位老太太听了非常高兴，说：“这样的老太师实在应该杀，可是这样可爱的小姑娘，却不应该受罪，老天这报应，怎么就这样对付呢？”

类似这种有趣的议论非常得多，可惜隔的日子太久，都不大记得了。这种评论乍看虽似颇幼稚，与戏剧的组织没什么关系，但因此足见他们确把戏里情节和现实打成一片了，就是不通言语的人们，也深深地了解，深深地感动了。这正是戏剧的目的已经达到了！

总计在纽约演了五个星期的戏，天天来看戏的人固然不见得有，但是看过五六次、十几次的的确很多，所以观客对于戏中情节和做工明了的人，也一天比一天多。在初演的时候，虽然有极详细的说明，但是演到可乐的地方观客们未必就乐，等到演了一个星期以后，凡是剧中有滑稽可笑的地方，观客也必定大笑，由此足见已经比起初明了得多了。

在纽约演戏的末一晚，刚演完要闭幕时，台下有人提议说："梅君在纽约已经演完，不再续演，我们没有机会再看这样好戏了，可否让我们与梅君握握手，表示表示谢意？并祝梅君成功？"梅君立刻答应了。于是在台上摆了两张桌子，梅君站在桌子里面，大家上台站在桌子外面，和梅君握手，由右边上来，左边下去。一直握了几十分钟的工夫，还是好些人在那里拥挤着等，总也完不了，我们很纳闷：何以还有这些人？后来一详细察看，才知道有许多人下去以后，又转上来再拉手，不禁失笑。

自在纽约演戏头一天起，所有来看戏的人差不多都穿礼服，情形很庄重。到了旧金山，在中国戏园演戏的头一晚，上座极满。可是中国人比较多，所以台下人声颇嘈杂，吸烟的有，嗑瓜子的有，小孩子哭的也有，颇有些像在中国戏园子里似的。后来经华侨邝秉舜君上台演说，梅君的戏是怎样高尚，这次来到美国是怎样的郑重，于国际上有什么样的关系，我们看戏的人也应该自以人格自重等等的话。以后台下居然把烟卷、瓜子等等都取消了，观客也非常安静。这固然是观客自爱，但也可见大家对梅君的重视。

观客对梅君的各出戏都很欢迎，评论最好的是《刺虎》《打渔杀家》《汾河湾》《醉酒》。可是看完拍掌最热烈的，却是各种舞，尤其欢迎剑舞，朱桂芳舞刀也很受欢迎。在纽约和芝加哥没有演《别姬》《散花》，到了旧金山因为有许多人要求，才开始演这两出，观客也非常的欢迎。《别姬》一戏，叫座的力量比哪出都大，在罗森的末一个戏就是用《别姬》作大轴子。华侨们却特别欢迎《廉锦枫》。

美国的习惯是每逢星期三、星期六总演白天戏，观客大半都是女子。按平常的情形不大容易满座，可是这次梅君演白天戏，没有不满座的，所以大家都认为这是一种极特别的情形。

在美国一共演了七十二天戏，大致有五十几天满座，其余至少也有七八成，所以票价由五元涨到了十二元，由此可见观客的拥挤了。

侨胞的赞助

齐如山

梅君这次出国，各界帮忙的很多，可是旅美的侨胞们尤其热心，到处赞助，这固然是侨胞历来的情形，因为凡是中国人到美国，无论是哪界人，侨胞没有不极力帮忙的，不过这次尤其热烈，一则因为美术界的出国，这是头一遭，所以大家特别感到兴趣；二则别界的人，差不多都有一点党派的分歧，美术就绝没有所谓界限，所以这次无论哪一界、哪一派都极力援助，此外自然也是侨胞爱祖国心真重的原故。只有伍宪子先生因发生误会，稍稍有点反对的论调，其实是我们初到美国的时候，宪子先生本也极热心爱护，后来到了旧金山因为办事有点不对的地方，以致发生误会，得罪了他，不过后来大家也都明了了，伍君还来了一封信解说这事，并嘱我们不要介意等等的话，足见这的确是一时的误会。现在把帮忙的诸君略略写在下面，纪念他们的热忱。

维多利亚港

我们刚到维多利亚港时，有一位司徒旄君，字英石，就到船上来欢迎招呼，指点得非常周到，并且在本地几种报上替我们极端地鼓吹，又和本埠诸位侨胞雇了两辆汽车，带着我们游逛各处名胜建筑，遇有趣的古迹或奥妙的建设，都给我们详细说明。以后又请在中华会馆茶会，末了又同船伴送我们到西雅图，沿路办理指示一切。司徒旄君固然是热心了，就是维多利亚埠其余的侨胞们，也对我们非常爱护。

西雅图

到了西雅图的时候，该埠代办领事和侨胞多人都来慰问。因为我们所办的护照有不十分合例的地方，照规矩是不能登岸的，但有当地领事作保，全体人员立刻登岸，没有一点留难。这固然是美国国家的特别优待，但是侨胞帮助的力量也极大。旧金山的侨胞也公推邝秉舜、司徒宽、陈健泰三位作代表，预先到西雅图等候欢迎。邝秉舜君等并带着几十张护照，防备我们应用。因为美国入境的护照，种类很多，不能通用，比如：若只游历的护照，就不能演戏，因为演戏带营业性质。我们这次所办的护照，有些不大合例，也正是这个原故。旧金山有一个中华大戏院，每年由美国政府办护照八十张，预备随时约脚应用，所以他们常有富余着的票，这次特地带到西雅图来，以备我们不时之需。虽然我们没有用着，但对人家这番好意，这番用心，却非常感激，不能忘却的。

到西雅图第二天，旧金山的几位代表和本地的侨胞，开了一个欢迎大会，他们都认为梅君这次出国是来宣传祖国文化，大家应该极力地帮助。开完会以后，又分头与各埠去电报、写信，代我们宣传，并嘱咐各埠侨胞要极力帮助。他们诸位的热诚，实在令人钦佩感动。

我们中国在西雅图的留学生不过二三十位，一天，全体请我们吃饭欢迎，并且说："这次梅君来到美国，美国的空气想不到那么好，学界的空气尤其好。盼望梅君到纽约后努力地做去，不必害怕，不必气馁，一定能得极好的结果。不过中国剧旧有的短处，应该减去就是了。"我们说："减去的已经不少了，但是也有许多地方，看着仿佛是短处，其实却是很好的地方。"于是把这回的办法大致说了说，大家极以为然，又谆谆嘱咐我们："万不可仿效西洋的办法，失了中剧的精彩。"我们回答说："这个自然！"

芝加哥

由西雅图乘车东行，没到芝加哥以前，接到芝加哥侨胞两个电报，嘱咐我们务必在芝加哥停留一天，好让大家欢迎，但是我们已经把到纽约的日子告诉纽约的办事人了，纽约的欢迎会等也已预备整齐，不能失信。所以，在芝加哥是不便停留的，于是给芝加哥打了一个电话，把这困难的情形说明并向他们辞谢。第二天，车到芝加哥的时候，欢迎的人极多，有华侨会馆代表、学界代表、友谊会代表、梅氏公所代表等，都来慰劳。梅氏公所的人尤其多，招待也尤其热烈。按梅氏公所是旅居美国梅姓所组织的，在美国姓梅的中国人，统共有六七千人，在芝加哥一埠就有两三千，势力极大，因为侨胞对宗族观念非常的深，所以欢迎梅君尤其热烈。并且说："如果有用我们帮忙的地方，只管来信，千万别客气，我们一定充分地帮助，这不但为梅君个人的关系，却是全国面子的关系！"

纽　约

车到纽约时，侨胞来的人更多了：熊总领事崇智、大实业家李国钦、美术学会会长郭秉文、大银行家张公权、华侨公立学校全体学生、广东八和会馆旅美全体会员，都到站欢迎，此外侨胞共到了七八百人，老早在那里等候。公立华侨学校特编了套《欢迎梅兰芳歌》，命全体学生在站上高声歌唱，表示欢迎。唱完以后，站上几千人鼓掌，轰然振耳，那伟壮的响声好像冲上云霄。欢迎的情形可算热烈已极，全体小学生又每人赠梅君一枝鲜花。出站后，就往普拉擦饭店，各侨胞又都同到旅馆纷纷地述说纽约的情形和欢迎的程度，并嘱咐我们什么地方要留神，什么事情要注意。他们既然这样热心，这样热诚相待，我们自然很感谢，并请他们多多指教我们。

在纽约演剧成功以后，各侨胞对驻纽约的总领事熊崇智君说："这次梅君出国，于东方文化影响非常的大，总领事有什么意见呢？"熊总领事说："这次梅君宣传文化的成功，不但于东方文化影响极大，就是于中美两国的感情也增进得非常多，这真是千载难逢的好机会！从前各国彼此遣派专使聘问，专为疏通意见，联络感情，这样国家要费好多金钱，可是所得的结果却远不及梅君到美国来的一次。国家不费一点钱，不费一点事，能够得这么大的效果，真是不容易办到的事，梅君于我们国家的功劳大极了！所以我一面要与政府去公事，请政府奖励梅君，一面要极力劝梅君趁这机会到美国内地各城游历演戏，以便宣传，果然能下这功夫，梅君费力并不十分大，可是于国家的好处就无穷了！"各侨胞听了这席话，非常高兴。第二天，熊总领事和各侨胞都来怂恿我们，并替我们筹划到各城的去法，还有很多人往各处去信，替我们接洽。

在纽约的中国留学生很多，都很热心，没有开演以前，有几位常到后台帮着料理一切，等开演以后，又有许多到各处探听舆论，每逢听见一点有关系的论调，必来告诉我们，并嘱咐我们应该怎样对付法。

有一位王弘君，号弘尔，是山东人，在美国留学多年，专研究戏剧和电影，所以对于我们尤其热心。只要课余有闲暇时，必来与大家聚谈，并问有什么事可以交给他办。因为我们带的翻译太少，全仗王君帮助。自到纽约起，直到离开纽约止，中间共有两个月的工夫，王君每天必到，并且常替我们到各处去接头，带着同仁到各处去参观，连一切的零碎东西都归他替买。因为他在纽约人熟地熟，比我们初到的人买着又省事又便宜，又因为是研究戏剧的人，所以无论一件很小的东西，也买得很在行。

纽约全体华侨开了一回华侨大会，到会的有六百多人，共坐了七十几桌。演说的很多，不必都详细说了。大致总是说："梅君这次不远数万里来到美国，专为宣传东方文化，这种热心毅力，我们佩服已极！我们本应当尽力地帮助，但是这些日子——自从梅君来美的消息传到这里，这儿人们对梅君的空气好到无以可加，能够大成功，是没有问题的，也无须乎我们的力量。不过梅君有什么用着我们的地方，只要通知一声，大家一定全体赞助！"等话语。每人说完，全体鼓掌欢呼，由此令人感到众位侨胞爱国心的热烈。

纽约的梅氏公所开了一次欢迎会，到会的有二百多人。会长演说："中国与外国发生交通这些年，彼此来往的人很多，可是中国人到外国宣传文化的，这却是第一次。不料第一次就是我们的同宗，这于我们梅家的同胞，有多么大的光彩呢！既是畹华给我们添了许多光彩荣幸，我们对于畹华应该怎样的钦佩！应该怎样亲热！"说到这里全场大鼓掌，会长又说："可是我们不能空空地说，钦佩、亲热就算了事，我们大家应该有点表示才对。要怎样表示法呢？就是倘若畹华有用着我们的时候，我们应该极力帮助他，热诚的帮助他，这不但是帮助梅姓全体，因为畹华成功于我们全体都极有光荣，并且是帮助我们中国，因为畹华这次来美于国家的体面很有关系。"说完，全场又大鼓掌。

芝加哥

芝加哥的侨胞比纽约的也不少，我们到了芝加哥，一下车就有四五百人在站台上等着欢迎，其中梅氏公所来的人尤其多，各团体送的花把有八九个。大家簇拥着梅君出了站，到旅馆后又分头替梅剧团诸君安置旅馆，接洽饭馆，非常热心。饭馆主人也是华侨，所以对于本团诸君招待得极周到，一切事都可以照诸位的意思通融办理，所以梅剧团诸人在芝加哥吃住都极舒服。

侨胞各团体也联合起来举行一次欢迎大会，共坐了五十几桌，大家对各种事都详细地指导。

梅氏公所也欢迎了一次。在纽约、芝加哥、旧金山三处都有梅氏公所，可是在芝加哥的人数最多，所以也坐了三十几桌。大家对梅君很亲热，宛如家人一般，每天总有一两个人到旅馆来问："畹华有没有什么事叫我们做？有什么事须得我们帮忙的？"遇有应办的事，我们也就毫不客气地请他们帮忙，他们也办得非常热心。

旧金山

我们由芝加哥到旧金山，火车到某站时就有旧金山的三位代表预先来欢迎，并且说明旧金山筹备的情形。大约是华侨各机关联合起来，组织了一个欢迎会，会员都到车站欢迎。车一到旧金山，就见站台上人山人海，只算华侨就有几千。华侨的各机关各派代表到站，又公推了几位小姑娘，给梅君送花把。华侨各学校的学生、乐队也都到了，并排着队和市政府的乐队分拨前后随行。又举了十几个人，担任指挥照料。沿途所过各街都有很多侨胞站立，惊喜地望着，等走到中国街的时候人更多了，不但街上站满，连各楼窗前都站了个风雨不透，大家发狂似地拍手摇手绢，欢呼畅叫。我们坐车一直到了欢迎会的场所——就是中华大戏院——里面已经挤满，见梅君进来都起立鼓掌，甚至于有好多人高呼："梅兰芳万岁！"开会后，请市长、张总领事、美国商会会长、中国会长演说，礼节很隆重。

各重要人又特别开了一次茶会，大概说："这儿的一切宣传一点也不用费力了！因为在纽约的大成功，各报纸对梅君的评论，此地人已经知道得很详细了。至于梅君的艺术怎样好法，中国戏剧怎样高法，更可以不必说了，报上只消登出哪天开演就够了！"

华侨设立的各学校、各医院都曾开过欢迎会，并导观一切成绩。

旧金山梅氏公所也开了一次欢迎会，到会的有一百多人，说了许多家庭闲话，却是异常亲热有趣。

檀香山

我们还没到檀香山的头一晚，就接到檀香山的侨胞们一个电报，嘱我们与船主交涉，最好使船晚一点靠岸。大概因为船定的是六点钟靠岸，他们恐怕那样早，欢迎的人会不齐的原故，所以后来又与船主一个电报，请务必在八点钟靠岸，好容大家欢迎。船主应允了。第二天清早，我们刚一进口，就有十几位代表到船上来，纷纷给我们套花圈，梅君项上的花圈已套得过了头顶。下船后，预备了六辆汽车，有几位陪着我们去拜地方官长，拜完以后，就到中华商会赴欢迎大会。会中他们报告我们说："在这里一共只演七天，日期似乎太短些，所以戏票卖得非常快，七天的票已经销了九成，若能再续几天，也一定能卖满座！"但可惜船期已定，不能更改。他们又说本地情形与美国内地不同：此处华侨受的教育比较高，很有几个人在美国大学里当教授，所以与美国人的感情尤其融洽。并且这里各国人都很多，大家自小在一起，自然容易亲密，因之对国界的观念很浅。这次梅君来，无论哪国人说起话来都非常欢迎，可见戏票卖得这样踊跃，并不是偶然。

有一位侨胞说："前些日子，本地人看见纽约的报上说：'受五万万人欢迎的大艺术家梅兰芳'等话，作者的意思大概也是中国四万万多人，日本一万万来人，合起来差不多有五万万人。现在梅君又受到美国全国人欢迎，这么一算就是六万万多人了，这六万万的数目，差不多快合到世界上居民总数的一半，所以此地有人说：'梅兰芳的头衔，可以说是受全世界过半数人欢迎的梅兰芳'。"

自到檀岛以后，天天有人陪伴我们游逛各处名胜，参观各学校工厂等。尤其李克昌、叶香甫几位最热诚。大家都觉得中国的艺术在世界上成了功，于大家都有光彩，所以非常高兴。

全体华侨又合开了一次欢迎大会，到会的有一千多人，挤得几乎不能动转，闹闹攘攘，各人面上都带一副喜悦的神气。会里约了很多官长、绅董，又约了本地土人歌舞会，全体演奏助兴。并请出华侨各位闺秀，歌舞奏乐，各显她们的特长，姿势腔调都非常美观动听，并且言语举止都极高尚，由此可见华侨在海外受教育的高深了。

我们离檀香山的时候，因为这才算出美国的国境，所以各种箱笼都应该详细查验。各位侨胞都帮着整理箱件，公事安排运送，并且到各方面去接洽。他们对于祖国的爱护，处处关心，对于我们的亲热，指导照应，做事的勤敏，圆满周到，实在令人钦佩，到现在我们想起来还感念不尽呢！

梅兰芳接受博士学位

齐如山

梅君兰芳此次游美，到处受无上之欢迎，学界尤为重视。前在纽约、芝加哥等处演剧时，各处学校校长、教授等观梅剧毕，多对学生讲演中剧之构造娴雅有法，梅君之艺术敏妙无匹。至关于音乐戏剧等班之教授，更无不告令学生观梅剧者，盖皆承认中剧有文学之价值也，及到罗森（Los Angeles）演剧将毕，有波摩那大学校长晏文士博士（Dr.Charles K. Edmunds）及邓勤博士（Dr. Kenneth Duncan）者，皆友人司徒宽之业师也。一日对司徒宽君曰："前读纽约、芝加哥等处之报，对于中国剧及梅君艺术之批评，异常佳妙，咸云有文学上艺术上极大之价值。及梅君到此演剧，吾二人及各教授往观数次，果如所言，且梅君之长处，报中尚有未尽者，真名下无虚也。吾侪协议，欲由本学校赠予梅君文学博士荣衔，君试为叩之。"司徒宽君来商议于余，余告梅君，梅君逊谢，嗣佥以为此名誉学位，当无不可。司徒君以告校长，校长乃召集全体校董、教授大会，提出此议，得一致赞成。于是校长来言，六月十六日为本校毕业之期，赠予梅君荣衔典礼即于该日行之。司徒君曰梅君大致于六月六日离此，赴檀香山，必不克候。校长曰："本校赠衔之礼，向极隆重，倘本人不到，则不便赠予，此校章也。今年春本校欲赠予施肇基君法学博士荣衔，因彼往欧洲，不克亲到，遂作罢。此次如梅君不能到，则殊为难处。”司徒君曰：“檀岛行期已定，不能变更，奈何？”校长曰：“容吾思之，或有变通办法，可提前开一特别大会行之，但仍须全体校董、教授通过，盖十余年前，曾有英国工党首相麦克唐诺君（Ramsay Mac Donald）来美，东方某大学赠予荣衔，亦因彼不克候，遂提前开一特别大会赠之。数十年来只有此一例，兹可仿照行之。顾此事本不易通过，所幸梅君名誉伟大，或能全体赞成也。”次日，又召集大会，提出此议，竟获全体通过，乃定于五月二十八日举行。届期，午后二时，梅君先到校长宅，余与司徒宽、梅其驹三人同行，盖梅其驹君亦襄理此事者也。梅君就校长室易礼服毕，由邓勤、徐璋两博士陪行至该大学。礼堂约可容千余人，台上列椅二十余列。校长、梅君、邓勤、徐璋坐第一排，其余则校董、教授百余人，分坐之。余亦滥竽其中，皆着博士服，雍容大雅，台下为学生，两廊为来宾，一堂济济，皆极肃静。对面楼上则坐高级生二百余人，尽着学士冠服，尤为庄严。入座后，先由校长致开会词，奏乐，对面高级生唱《庆贺歌》毕，由福丽满博士（Dr. Luther Freeman）代表全体教授，登台讲演。先讲《青年人之义务及责任》，末云：“现由中国来一青年，大可为人取法，此青年为谁？即梅兰芳君是也。吾初次看梅君之戏，为《春香闹学》，见其滑稽之态，笑不可仰，及至后台晤面，则又见其静穆之气，盎于面部，接人谦恭和蔼，便知为一极大之艺术家。以梅君名满世界，而见年长者犹以执手于礼，此吾美国青年最缺乏之道德，故吾应以为法也！在中国之礼教，原系如此，如父兄并称，子弟列侍，可知青年人对年长者之举动应如何矣。故中国每见人恒问贵庚，盖倘比己年长，则当执弟子礼，所谓十年以长则兄事之，五年以长则肩随之，此亦吾人所当取则者也！”讲演毕，邓勤博士离位，对校长斜向立，校长亦起立。邓勤博士致词曰：“兹有中国大艺术家梅兰芳君者，艺术之高，世界之公认，无待赘述。但人只知其为大艺术家，而不知亦大文学家也。梅君于演剧之外，更竭力于戏剧之学问，研究剧学二十余年，创作甚多，贡献于社会者亦极夥，家中藏书甚富，关于戏剧图书尤多。近在北平首创戏曲学院，自任发起人。梅君不但有功于艺术，且有功于社会，更有功于世界，兹特介绍于校长之前，请校长赠予梅君文学博士荣衔。盖梅君贡献于社会者与校中赠予荣衔之规章，极相符合也！”言毕，乃请梅君起立，介绍与校长。校长曰：“邓勤博士所言，君之贡献社会之成绩，本校长早有所闻。兹代表本教授公会，赠君文学博士荣衔。”言毕，亲授予博士文凭，复由其他两博士将“博士带”与梅君着于肩上，全场鼓掌致贺。梅君登台演说，其词为语体，今径以原文发表之：

“校长先生、校董事诸公、教授公会诸公、各同学、各来宾：兰芳今日得蒙奖授荣衔，非常感谢诸公！此举是表现对于我们中国人最笃厚的国际友谊！兰芳不过是微末的，个人游历贵邦，是要吸收新文化的。随带表演自己一点艺术，借博贵国学者之批评。游历将完，细心体验，知道果然能够得到诸公对于我们民族，益加谅解和同情，这不啻是我们的艺术成功，乃是贵国人士的好感，能够明了我们这次游历的意旨。从广大的意义上言之，我们此来是要尽我们微小的力量，促进文明人类的最恳切希望的和平。按照历史的例证说来，真和平不能够从武力上得来的，人类希望的和平，不是暴乱后的平静，真的和平是要从精神理智与物质里面增进人类的发展和生长，要维持世界的真和平，人类是要互相了解，互相原谅和同情，是要互相扶助的，不是要互相争斗的。我们中美两大民族，希望的人类和平是根据国际的信用和好感。要达到这个目的，须要大家从艺术和科学上有具体的研究，要明了彼此的习惯，历史的背景，及彼此的问题和困难。兰芳此次来研究贵邦的戏剧艺术，荷蒙贵邦人士如此厚待，获益极多。兰芳所表演系中国古代的戏剧，个人艺术很不完备，幸蒙诸公赞许，不胜愧怍。但兰芳深知诸公此举，不是专奖励兰芳个人的技术，乃是表现对中国文化的同情，表现对中国民族的友谊。如此，兰芳才敢承受此等真大的荣誉，以后当益加勉力，才当得起波摩那大学家庭的一分子，不负诸公的奖励！”

梅君演说毕，复由梅其驹君用英语重说之。说毕，掌声雷动，历数分钟之久。当即奏美国国乐，对面礼服生复唱国歌，全会起立。歌毕，礼成，各博士均来握手，口称“多克他尔”。梅君进致贺词，校长及当事诸公皆曰，梅君演说词命意异常之高，本大学赠予荣衔以来之演说，此为第一，即索全词排印，分散学生，永远保存。复与众人拍照，又与校长合拍一影毕，校长特请梅君与余等在该校饭厅晚餐。厅共设三十余桌，每桌十余人。余与梅君及同人共坐两桌，座上有校长家族、邓勤博士家族及教授数人。其余有学生三百余人，共食之制，意在表示亲近，故欢悦气充溢四座。食将毕，有音乐组之学生起立唱歌三次，以致敬意。末又移至梅博士座前歌之，犹为表示亲近也。饭毕，校长导观宿舍等处，时已八钟矣，乃兴辞而归。梅君、余及徐璋博士共乘一车，路间花木繁盛，橘柚犹多，蓓蕾满枝，异常美丽。次日各报饱载此事，亦皆云梅君之演说，设词命意极为得体也。

附　录

梅兰芳自述：不抄近路，就是我幼年学艺的窍门

谈谈我从艺的道路

梅兰芳

中央人民广播电台约我来跟大家谈谈，要我把学戏的过程，对大家作一个简单的介绍。

我今年整整六十周岁了，在舞台上工作了五十年，有好些人看到我有这一点微小的成就，以为我从小就聪明伶俐与众不同，学戏的时候，也可能有什么特别的窍门和终南捷径。我今天可以老老实实地告诉大家，我既不比别人聪明，在学习上也没有什么窍门，更不知道抄近路。也许可以这样说，我的不抄近路，就是我幼年学艺的窍门。一个演员的成就，首先要靠初学时期打下稳固的基础。唱、念、做、打，一切基本课程，都应该一丝不苟的学得准确，如果似是而非地学不到家，那是不行的。因为戏曲表演艺术是从原有的基础上发展壮大起来的，基本功不扎实，一定影响后来的发展。_

我当年学京戏，学昆曲，是抱定一个勤修苦练的原则，一遍不会再来一遍，今天不会明天再学。往往睡到半夜里醒来，想起白天学会的一个身段还不够准确，便马上起来对着镜子做上几遍，这就是我初学时的一点门道。

当然，在勤修苦练之外，还必须从多方面吸取精华，才能丰富自己的艺术。由于我从小喜欢看戏，我就一边学，一边演，一边看。每天我演完了戏，总坐在场面背后看别人演戏，一直看到完，不但看旦角的戏，什么戏都爱看，还常去观摩前辈们的表演。遇到堂会戏，角色整齐，节目精彩，这种机会更是不肯轻易放过的。戏看多了，渐渐的就有新的体会，再进一步，也能辨别出每一个演员的优点和缺点来。有些优秀演员，在台上都能发挥自己的长处，避免自己的短处。我承认，在看戏当中，我得到的益处实在不少。

我的唱法，早年走的是陈德霖先生的路子。后感觉到我的嗓子跟他不很相似，他的嗓音细亮娇润，我是一条宽嗓子，跟王瑶卿先生的嗓子比较接近。因此我又吸收了王先生的唱法。这两位老先生都有特长，都是可以作为典范来学习的，由于他们本身的条件不一样，才创造了不同的唱法。从这一点来看，我们向前辈学习，应该根据自己的条件来吸收、消化，灵活运用。如果只知道依样画葫芦，机械式地模仿，恐怕是难以得到发展的。

我的身段，得利于练武功和学昆曲。练了武功能够使腰腿灵活，动作显得更准确好看；学了昆曲，能够使唱和做有节奏地、很自然地结合起来，更丰富了京剧表演的方法。我在这些基础上加以发展，一方面大胆地尝试了编写古装戏，一方面又整理出一些旧的剧目。

我最初学的是正工青衣戏，虽然那时候的青衣，只注重唱工而不讲究身段和表情，但我从小就喜欢跟人讨论剧情，研究人物性格，总想把我扮演的每一个角色的内心情感通过艺术提炼，用脸部和动作表达出来。自从排演新戏以后，由于不断地揣摩和实践，更加强了我刻画人物性格的能力。例如，《抗金兵》的梁红玉和《穆柯寨》的穆桂英，同样是刀马旦，从她们的扮相来看，没有较大的区别，可是你万不能把梁红玉演成穆桂英。因为一个是五军都督府的安国夫人，老成稳练的抗敌女英雄，一个是山寨大王的女儿，天真活泼的小姑娘。有这两种不同的身份和性格，就应该有两种不同的表演方法。那么，我们用什么方法表达出她们的特点呢？总的来说，就在梁红玉的动作和神态方面，都要比穆桂英稳重得多。还有《凤还巢》的程雪娥和昆剧

《风筝误》的詹小姐，同样是闺门旦；《闹学》的春香和《佳期》的红娘，同样是贴旦；可是掌握这些人物性格的表现方法，也是不一样的。这些，不过是我随便举的几个例子。

我从新中国成立以来，在各地巡回演出，又到朝鲜和华南作慰问演出。在这广大的新观众里面，工农兵占了最大的比重，他们给予了我许多宝贵的启发和帮助，使我在表演方法上，特别是在人物性格的塑造上，大大提高了一步。我可以拿《宇宙锋》来做个例子，这出戏是我开蒙不久就学会了的，由于我喜爱这位坚贞不屈、富有斗争性的赵女，所以四十年来，我连续不断地演唱《宇宙锋》，这些经过情形，我在《舞台生活四十年》第一集内，已经有过比较详细的记载。过去的观众看完《宇宙锋》，虽然常有人给我提意见，我也曾不断地修改，但在当年我的许多剧目里，这出戏并不叫座，由此可以说明，旧社会的一般观众还不能理解这个戏的社会教育意义。新中国成立以后，就大不同了，广大的观众都喜爱赵女，痛恨专制淫威的皇帝和穷凶极恶的赵高，跟我一向喜爱赵女的心情相同，这对我是很大的鼓舞。现在我演赵女，便更加注意表现她的斗争精神了。

上面所讲的，是我在舞台生活五十年当中的一点粗浅体会，说得不对的地方，希望大家批评指教。

《谈谈我从艺的道路》

我学戏、改戏和表演的经验

梅兰芳

这次我在各地座谈会上，许多演员同志都要我谈谈学戏、改戏和表演的经验。

其实，我学戏的过程，也和大家没有什么两样。我认为，一个演员的成就，第一，要靠“幼工”结实。动作部分应该练好腰腿，唱念部分应该练好发音咬字。这些基本的技术，大家都是内行，也无须我细讲。第二，要靠舞台实践。我的经验是：戏唱得越熟，理解力越强，正如俗语所说“熟能生巧”，这句话是一点都不错的。可是，还应当注意：戏唱熟了，往往会“油”。戏唱油了，是要不得的。第三，是要多看前辈们的表演。什么行当的戏都看，什么剧种的戏都看。但是，看戏必须具备一种鉴别能力，才能分出好坏来。看到好戏，固然能够丰富我们的表演；看到坏戏，也不要失望，这对我们也有益处，因为我们能看出他走错了路，就可以不再犯他同样的错误。这种鉴别能力，也是要经过一番锻炼，才能具备的。只要我们肯多看前辈们好的表演，多听行内行外一些良师益友的经验之谈和正确的意见，再加上自己的琢磨钻研，久而久之，我们的眼睛亮了，耳朵也灵了，心里也明白了。到那时候，我们就能够分清哪是精华，哪是糟粕，那么，在表演方面就一定可以进入角色，自然就会有许多的创造。我就是从这样一条路上走过来的。

这十几年当中，我没有编演新戏，只是做了些整理、改编的工作，我在这里简单地介绍一些经验。

首先，我觉得文艺工作者和我们戏曲演员合作是重要的。我有几位文艺界的老朋友，同我合作了好多年，他们经常作为观众，在前台听戏，看出了什么问题，譬如某几句台词存在着不好的意思，或者与剧情不能紧密结合，还有在音韵上不够和谐，某一个身段表情的目的性不够明确，或者姿势不够好看，就马上给我提意见。也有我自己发现的问题，和他们一起研究如何解决。总之，我们用的是互相启发的方法，多少年来是收到效果的。有些常演的戏，台词有所变更，唱起来必须格外注意，免得新词与老词互串。有些唱腔是观众向来熟悉的，如果把他们认为好的腔轻易改掉，就不容易被接受。遇到这些地方，我们还得要改字不改腔，所以这也不是一件简单的事情。身段表情的改进，比变更台词更难一些，这要和人物的思想感情结合在一起，不可能一下子就做得恰到好处，必须在一次又一次的实践中积累经验，才能达到越改越好的地步。

上面说的，还是指部分修改而言，如果戏里的主题应该变更，或者人物性格前后不统一，那就需要大拆大改。像《贵妃醉酒》《生死恨》《宇宙锋》等戏，到目前为止，不知经过我们多少次的小修、大改。大改的工作，第一步也是先跟文艺界的老朋友进行讨论，这时候往往会引起一些争辩；等到意见一致，然后动笔，边写边研究，在拿到台上演出时，还要听取观众的意见，观众认为改得好的，我们保留下去，说改得不好的，我们再往好里改。但我们必须自己心中有数，辨清精粗美恶，慎重做这一工作，倘若东听一句，西听一句，不经过仔细的分析、考虑，就动手更改，结果只有造成混乱，没有什么好处。

我自己整理修改剧目的方法，要分两部分来讲，首先是确定剧本的主题，第二步是如何结合我的表演。我不喜欢把一个流传很久而观众已经熟悉的老戏，一下子就大刀阔斧地改得面目全非，让观众看了不像那出戏。这样做，观众是不容易接受的。我采取逐步修改的方法，等到积累了许多次的修改，实际上已跟当年的老样子不大相同了。可是观众呢？在我逐步修改的过程中，无形地也就看习惯了。我为什么这样做呢？因为一出戏要把它改好演好，不是一桩容易的事。拿我的经验来讲，改了一个时期，又会看出问题，甚至有时还会改回来，总之，这件工作是需要很细致、很耐心，步步深入的。

《贵妃醉酒》是一出舞蹈性很强的戏，前辈老艺人们给我们留下许多优美的表演，可是其中有部分黄色的东西。如《诓驾》以后，和两个太监调笑当中，有一些暗示性的动作和表情。我改的时候，首先变动了主题。我现在的演法，是通过杨贵妃来描绘古代宫廷贵妇人的抑郁、苦闷心情。主题有了变化，所有全部的表演风格，也随着起了变化，剧中人物身份就和从前不同了。后面的唱词，如："安禄山卿家在哪里……"那四句，以及"色不迷人人自迷"，等等，含意都不好，我都把它们改掉了。至于身段部分，经过一再整理，修改的地方很多。就拿"卧鱼"来说吧，最初，我只知道老师怎么教，我就怎么演，它的目的性何在呢？我也说不上来。后来，先确定它的目的性是为了嗅花。嗅花的姿态，我变了好多回，先是单手捧着闻，双手捧着闻，由不露手加上一种露手，由捧着闻又加上折枝的手势。总之，两个卧鱼是对衬的，但是小动作里面是有区别的。

《生死恨》里过去没有彻底解决的是韩玉娘和程鹏举两个人物的性格不够统一的问题。我最早的演出本，由于程鹏举有了三次告发他的妻子韩玉娘劝他逃回故国，所以后来程鹏举做了襄阳太守，派家人赵寻访着了韩玉娘要接她到任所，而被拒绝。这样写法，是对程鹏举的性格大大地有所损害，这就会影响韩玉娘对程鹏举的热爱和她多少年中为他受尽折磨、坚贞不移的精神。我们初步的修改，把三次告发改为两次，随后又改成一次，夫妻之间的误会，就不难经过解释而消除。照这样演了一个时期，我觉得程鹏举的性格是完整了。但韩玉娘在后半部戏里，从她的思想感情中很难看出她希望有破镜重圆的一天。如当她流落在李妈妈家中，在一个深夜里所唱的台词有："我也曾劝郎君高飞远扬，又谁知一旦间改变心肠，到如今害得我异乡漂荡……"夹白中有："想我韩玉娘，苦劝程郎逃回故国，谁想他反复无常，害得我这般光景！……"这些唱白里，说明韩玉娘对丈夫有多么强烈的怨恨。梦中相会的时候，她的动作表情也全是对丈夫不满的表示，再加上后面拒绝赵寻的迎接，这就显得韩玉娘的性格前后矛盾了。近年来我们针对着上面所说的那些问题，又大改一次。现在我的儿子葆玖常演的《生死恨》，就是修改的本子。

上面不过随便举几个例子，至于唱词、话白、身段、表情，个别修改的地方还很多，这里就不细谈了。

《赣湘鄂旅行演出手记》

谈谈京剧的艺术

梅兰芳

我所表演的京剧是一种古典歌舞剧，由于它是歌舞构成的，所以一切动作和念白，都跟音乐的节奏紧密地结合着，形成它自己的一种规律，在这种规律中表现的东西，就成为京剧特有的形式。前辈老艺人们，耗尽心血，为京剧创造出许多优美的舞蹈动作。但他们并不是把人们日常生活里的形态原封不动的搬上舞台，而是把它进行提炼以后，加以美化的夸张，使它成为这一综合歌舞艺术的构成部分。

例如扮演《闹天宫》的猴王孙悟空，不只是摹仿猴子抓耳搔痒的表面动作，而是抓住猴子灵活机警的特征，通过古典神话所赋予它的人性，才能表达中国人民用想象力创造出来的猴王形象。京剧演员在台上所表达的骑马、乘车、坐轿、开门、关门、上楼、下楼等等一切虚拟动作和手的各种指法，眼睛的各种看法，脚的各种走法，都是把实际生活的特点高度集中，用艺术夸张来表现到观众的眼前，使观众很清楚地抓住演员每一个动作的目的性。我常演的《贵妃醉酒》是一出通过舞蹈动作，来描写一个古代宫廷中的妇女的幽怨的心情。舞蹈中有一个"卧鱼"的身段，先把身子慢慢地蹲了下去，用一只手靠着头躺在地上。这是表现酒醉后的姿势，我在演出中感到这种形象不太美观。后来有一次在屋前我偶然俯身嗅花，一个朋友指出这个动作恰似我在戏中的“卧鱼”身段。这句话提醒了我“卧鱼”身段和嗅花的联系。以后我再表演这个动作时有了一些改变，我轻轻的蹲下去，并不躺在地上，而是用虚拟的动作表现出攀过花枝来嗅的样子。这样处理，对这个身段的目的就更明确了。

京剧歌唱的各种调子虽然是固定的，但行腔变化很多。同样一个调子，各有各的唱法。由于中国语言，每个字都有一定的声调，所以唱的时候，不论行腔如何变化，都不能违背字的本音。我在行腔方面，也曾编制一些新腔，到今天还有不少喜爱歌唱的同志们常来跟我研究。至于京剧的念白，它是有韵律、有节奏的。

与其说它类似朗诵，不如说它接近歌唱，我们京剧演员一向是把唱和念放在同等重要的地位，因为它们有着同样的音乐性和夸张性。

京剧的音乐，在管弦乐以外，打击乐占着重要的部分。它的作用，是能够加强表情和动作的夸张性，引导观众的注意力集中到演员的表演动作上去，特别是鼓，它控制着舞台上所有演员的活动。中国戏剧从农村的广场进入了城市的剧场以后，打击乐器的音量已经逐渐减低以符合室内演出的需要，同时乐器种类却逐渐增多了。我在管弦乐方面，也做了一些新尝试。我的乐队里面有一种“二胡”，就是我在1923年排演《西施》的时候，开始把它加进去的，现在已经为旦角伴奏乐器中所普遍使用了。

京剧服装式样的根据，包括从唐宋到明清，而多半是用明代流行的服装，加以美化、夸张，组成一套适合于舞台表演的戏装。这种戏装上面大部分绣着一些图案，利用复杂而且鲜明的色彩，构成舞台美术的调和。在化装方面，脸谱、贴片子、挂长胡子和服装方面的厚底靴、靠旗、水袖等等特殊样式，都和京剧夸张性的表演方法成为一个体系。

我自己在服装和化装方面，五十年来有很大的变动，并作了许多新的尝试。我曾经在新排的剧目当中，创造了京剧舞台上从来没有出现过的服装和化装。这种尝试，和我平时学习绘画有密切关系。我喜欢研究绘画，从一些含有宗教性的中国古画里，看到古代名画家创造人物的形象，往往利用衣纹的生动，和飘带的凌空，来表达人物的超然性格。当时我这样想：假使我穿上画中的服装来表演神话剧，一定能把剧中人物形象表现得更生动。因此我就吸收绘画艺术中的资料来创造新的服装和化装，使用到我新编的一些神话剧如《天女散花》《洛神》等剧目中去。为了配合新的服装和新的化装，当然就需要一些新的舞蹈。我又在这方面创造了绸舞、花镰舞、袖舞、拂尘舞、剑舞、羽舞、盘舞等。

京剧是一种继承了传统的说唱文学，又加上歌舞表演的综合戏曲形式。它把无限的空间都融化在演员的表演里面，又利用分场、连场、套场，使故事连贯，一气呵成。演员的表演也可以不受时间和空间的限制。因此，从传统的表演方法中，可以看出京剧的舞台设计，不是写实的设计风格，而是一种民族戏曲歌舞化的写意风格。它在具体设计上，采取了一种布景和道具合一的表现手法，这样才能使演员的舞蹈动作充分发挥而不受布景的局限。当然，我们不是主张京剧布景永远停留在简单的形式上，三十年前我编演的一些新的神话剧就在破坏原有的艺术风格原则之下，作了一些粗浅的尝试，我是在某几场戏里，使用山水布景，并且利用灯光来增强戏剧环境的气氛。

京剧的角色，一般分为生、旦、净、丑四大类。每一个演员的成就，不管他演哪一类角色首先是依靠他在幼年初学时期，能够打下稳固的基础。我像其他许多京剧演员一样，在十岁以前就开始学戏。因为京剧既是一种囊括唱、念、做、打的综合性的舞台艺术，演员的负担很重，如果不从幼年开始学习，或者学习得不扎实，以后就不可能掌握全面的技术。

当然，一个京剧演员除了在勤修苦练之外，还必须向多方面吸取精华，才能丰富自己的艺术。我从小喜欢看戏，我一边学戏，一边看戏，一边演戏，不只看以旦角为主的戏，什么戏都爱看。等我观摩了许多前辈们的表演，特别是和他们合演的时候，我才知道：京剧的表演程式，虽然是从生活中提炼出来的，但是也还要演员从实际生活当中去细心体会才能在舞台上灵活运用，否则程式就变成呆板的形式了。一个成功的演员，没有不懂得自己应该运用程式而不应让程式来拘束自己的道理。我认识到这一点，才能对旧有的程式加以发展，使它更加丰富。京剧一百年来经过许多大师们不断的改革、创造，才有它在中国戏剧史上的辉煌成绩，我也正是沿着这条路前进的。

个人能够掌握京剧中的表演规律，是否就完成了他的艺术任务呢？我以为还是不够全面的。京剧的表演，是一种集体的舞台活动。每一个演员本身的表演，和别人的表演，都需要在音乐节奏的控制下，有机的血肉不能分离的配合起来。如果一个演员在表演上只顾突出自己，卖弄花招，不照顾别人，结果就会破坏戏剧的整个气氛，同时也孤立了自己。在我表演时，常常感觉到，如果同台合作的演员大家能在动作上紧密的配合，感情上紧密的交流，这出戏一定演得愉快而收到好的效果。如果我的动作和感情得不到对方的反应和共鸣，就会降低情绪，减弱应有的效果。因此，我在舞台上，十分注重烘托别人的表演使演出达到完整。

《谈谈京剧的艺术》

谈表演艺术

梅兰芳

精彩的秦腔

西安是周秦汉唐的古都，也是具有悠久历史的古老剧种秦腔的发源地。秦腔跟京剧有密切的关系，有人说过京剧的主要曲调“西皮”就受秦腔的影响很大。此外，剧本表演等方面，也都有相似的地方，可以看出在很早的时候，就已经有交流经验，互相学习的痕迹。

这次我到西北来，在兰州、西安都看到秦腔的表演，所有腔调、动作、音乐和全部舞台的形象还保持着原有的风格，这一点我是很满意的。我不是说秦腔就这样停留在原有的基础上不要提高。我希望在提高和发展的时候，不要破坏原有的风格。秦腔的历史比京剧要远的多，更不要以为这个剧种古老了，就把它看成是落后了。它在社会主义文化高潮的影响下，正走向返老还童的道路，散放着青春的火花。

我现在谈一谈这次来西安所看到的四出精彩的秦腔节目，从这些优美动人的表演里，我们学习了不少东西。

第一出《杀裴生》。演李慧娘的马兰鱼、演裴生的李继祖虽然是两位青年演员，我看出他们腰腿的功底很深，也会做戏。在李慧娘救出裴生的几个追赶场面里，他们都能够把那种紧张的气氛充分表达出来，尤其是李慧娘许多次“吹火”的演技也十分纯熟。有人告诉我这出戏的“吹火”是秦腔传统的表演特技，观众是常常拿来测验演员的本领的。我希望他们两个人多多向老前辈学些东西来丰富自己的艺术。

第二出《杀狗劝妻》。演焦氏的宋上华是一个很有才能的好演员，可以说他在台上的一哭一笑、一举一动都在戏里。焦氏并不是一个不可救药的坏人，她的毛病是在“欺软怕硬”，她虐待婆婆是因为婆婆年老可欺。她对待丈夫也是这个方法，曹庄对她和蔼一点，她就狠起来了；曹庄生气了，她又改为笑面相迎。宋上华在这些地方，脸上的表情变换得非常之快，而又自然，恰如其分地掌握了这个角色的心理活动，给人的印象是真实、开朗而且是有说服力的。

第三出《激友》。这是秦腔《和氏璧》剧中的一折。剧情是说张仪在落魄时受了他好友苏秦一番假的讽刺、冷淡的刺激之后，毅然到秦国献策，终于做了宰相，演张仪的苏育民那天只演了“见苏秦”和“回店”两场。他把一个有作为的书生在不得志的时候内心里复杂的心情刻画得非常细致。这个戏难演在什么地方呢？它虽然是出穷生戏，但不能演得过分寒酸，因为张仪马上就要做秦国的宰相了，所以在穷途落魄里面还要有气度身份。在这一点上，苏育民的表演是有独到之处的。他的动作干净利落，表情深刻动人，我肯定地说，他在艺术上已经有了极大的成就。

第四出《烙碗计》。情节跟京剧《钱莲花》一样，是描写一个没有爹娘的孤儿，受尽伯母的虐待，大雪天逃出门去，后来他的伯父终于把他找了回来。演伯父刘子明的刘毓中，在追赶侄儿的两场戏里，活生生地刻画出一位慈祥可爱的老人，在大风大雪里四处找寻他那可怜的侄儿，那种又着急又疼爱的心情，我看了很感动。他的表演沉着到家，特别是浑身肌肉的颤动劲头和滑跌的身段，使人有寒冷的感觉。这种唱做并重的衰派老生戏，是要看功夫火候的。刘毓中继承了他父亲刘立杰先生以及其他名师的优秀传统，才能演得那么出色。

从上面所谈的几个戏的表演里，看得出秦腔这个剧种里蕴藏着许多宝贵的东西，并且我们知道在党政领导同志的重视和关怀下，秦腔正向前稳步地发展着，这种现象是可喜的，前途是可以乐观的。

怎样学戏

有些同志想要知道我的戏是怎样学的，又怎样创造角色的，其实，我学戏的过程跟大家没有什么两样。我以为一个演员的成就，第一，要靠“幼工”结实，动作部分首先练好腰腿，还要认真学习传统的表演艺术，唱念部分，首先练好发音咬字，还要认真学习唱腔和气口的技巧。这些必须下的基本工夫，究竟应该怎样锻炼，在座的内行居多，也无须细谈了。最近我在《西安戏剧》刊物上，看到封至模先生在陕西省第一届戏曲导演讲习会上的讲稿，对于表演艺术分了五门二十五类，他讲得很透彻，我认为这是很好的参考资料。

第二，要靠舞台实践。我的经验是：戏唱得越熟，理解力越强。俗语说得好，“熟能生巧”，这句话是一点都不错的。可是还应当注意，戏唱熟了，往往会“油”。戏唱油了，是要不得的。

第三，是多要看前辈的表演，什么行当的戏都看，什么剧种的戏都看。但是，看戏必须具备一种鉴别能力，才能分出好坏来。看到好戏，固然能够丰富我们的表演；看到坏戏，也不要失望，这对我们也有益处，因为我们能够看出他走错了路，就可以不再犯同样的错误。这种鉴别能力，也是要经过一番锻炼，才能具备的。只要我们肯多看前辈们好的表演，多听行内行外一些良师益友的经验之谈和正确的意见，再加上自己的琢磨钻研，久而久之，我们的眼睛亮了，耳朵也灵了，心里也明白了。到那时候，我们就能够分清哪是精华，哪是糟粕，那么，在表演方面就一定可以进入角色，自然就会有许多创造，我就是从这样一条路上走过来的。

怎么样创造角色

下面我再把怎么样创造角色的问题谈一谈：每一个戏都有它的主题，自然就有各种不同的人物性格。问题是在我们应该怎样去体会角色，并且把他表现出来。我就拿《宇宙锋》作个例子：《宇宙锋》的主题是描写赵女不甘心屈服在她父亲赵高和秦二世的淫威之下，站起来与险恶的环境斗争到底。她在这个戏中共有六场，我现在分场来讲：

第一场“议婚”，赵女对匡赵联姻虽不同意，但在封建时代里都是这种摸彩式的婚姻，她不可能过分违背了父亲的意思，所以我在这场戏里只微露一点不满的情绪，同时这样做更能突出后面坚决不愿进宫的斗争。

第二场“洞房”，赵女是以新嫁娘的姿态出场的，须要格外稳重。所以我在这里唱四句慢板描写她婚后的感想。因为在慢的节奏中，边唱边做，比较容易显出她的稳重来。同时在赵女的内心里，两家如此光景，终生变乱的隐忧，必然会淡淡地反映到脸上来。因此这场洞房里，虽然表现出新婚夫妻的和谐亲爱，却又笼罩着一种愁闷的气氛。

第三、四两场“盗剑”“抄拿”，由于发生了两桩突然的事故，情绪不免紧张，但在紧张中还要显出她沉着和机智的地方，否则，就不像后面那个会装疯弄险的赵女了。

最后，“修本”和“金殿”两场，是全剧的高潮，也是说明主题的重要关键。我把“修本”里赵女的心情，分为三个层次：先是抱着满腹怨恨来见赵高；等赵高接受了她的请求，愿意为她修本，马上又转忧为喜；再听到赵高要把她送进宫去，这时候就掀起了她压不住的心头愤怒；紧跟着从三个“叫头”开始来进行这一场尖锐的斗争。

这三次“叫头”下的话白分量不同，第一次只是听到她要被选进宫去的消息，第二次是父命的威逼，第三次是圣旨的压迫。一次比一次沉重，压力愈大，我的内心反抗力就愈加强烈。所以念完了“慢说是圣旨，就是钢刀将儿的头斩了下来，也是断断不能依从的呀”以后，我用双袖向赵高有力地抖出，仿佛这样做更能显出这几句话白的力量，等到装疯以后的心理活动更复杂了。有人说，我在揪赵高胡子的时候，脸上好像笑又好像哭，问我是怎么样表演出来的。我在台上演戏，无法看见那时候自己脸上的表情，这可能是因为我心里交织着两种极端矛盾的感情，一方面想用装疯逃避这险恶的环境，同时，把父亲硬叫成“儿子”也是极不愿意做的事情，所以不自觉地流露出这种似笑似哭的感情来。

装疯和真疯的表演方法是截然不同的，如果赵女真的疯了，只要做成一个疯子样子就行了；装疯是要让赵高看了信以为真，观众感觉到是装的。由于这场戏赵女的心情这样复杂，演员才有戏可做。我在四十年前就选择了它作为我体会角色的试金石，就是这个缘故。至于我在这出戏里的动作、表情方面的加工，是随着体会角色的深化而逐步推进的，不是一下子就能演成这样的。

“金殿”一场，赵女的环境更加紧迫了，原想在父亲面前借装疯逃避皇上的召选，但是秦二世还要召她上殿，她知道这次的危险性更大了。这件事情的后果如何无法估计，所以我上了金殿，内心里先把赵女的生死置之度外，这样可能让赵女的思想更加集中，使得她在金殿上的嬉笑怒骂也毫无任何顾虑，反而会有利于这场斗争。我是这样理解的，对不对请大家指教。

这场戏的身段采用男子的动作居多，这种传统的安排方法很巧妙。一来与“修本”里的装疯姿态不雷同；二来从空间上说，由于动作放大了，显得金殿的高大广阔。还有，这场戏从前不上哑奴，我为了想加强赵女下场的悲痛，让哑奴上场，在殿角下再见一次面，使观众感到一个人刚从极危险的关头闯了出来，见到了她唯一的同情者以后，会有怎样的一种悲痛心情啊！

一个演员对角色性格有了钻研和体会，应当怎样表达出来呢？这就关系到你的表演艺术是否丰富。前辈老艺人给我们留下了多种多样的传统表演方法，只要我们肯踏踏实实去学，这一座艺术宝库是取之不尽，用之不竭的。但是在运用方面，一定要结合我们的内心活动。譬如《醉酒》里的“卧鱼”这个身段本来没有目的，我把它改成蹲下去，是为了闻花。可是所有闻花、掐花、看花等姿态动作还是传统的东西。要点是在当时我的心中、目中都有那朵花，这样才会给观众一种真实的感觉。演员在表演时都知道，要通过歌唱舞蹈来传达角色的感情，至于如何做得恰到好处，那就不是一件容易的事情了，往往不是过头，便是不足。这两种毛病看着好像一样，实际大有区别。拿我的经验来说，情愿由不足走上去，不愿走过了头返回来。因为把戏演过头的危险性很大，有一些比较外行的观众会喜爱这种过火的表演。最初或许你还能感觉到自己的表演过火了，久而久之，你就会被台下的掌声所陶醉，只能向这条歪路挺进，那就愈走愈远回不来了。

布景的使用

我现在常演的戏里，除了《洛神》之外，其他都不用布景。我不是反对用布景，从前我在排演新戏时也常用布景，在我四十多年的舞台生活过程中，用布景还占着比较长的一段时间。从我这一段摸索的过程当中，我感觉到只是摆几张景片，也起不了什么作用，有时布景设计偏重写实，或者堆砌过多，还会影响表演。我现在只保留《洛神》的布景，就是因为它跟表演有密切关系的缘故。这段设计经过，我简单地说一说：

《洛神》的高潮是“川上相会”一场。当剧本开始创作的时候，我们首先注意到应该怎样设计一种特殊风格的布景。为了要突出表演区域，我们就在舞台上搭出一个象征着仙岛的高台，高低三层，由上而下，由窄而宽。洛神在这个台上的舞蹈，是每层、每个角落都要走。我们往常在平面舞台上活动的范围，以台毯为标准，是四方形的，而这个仙岛上的活动范围，就大为不同了，所以我创造出一套新的舞蹈姿势，来适应这新的环境。

洛神先在幕内唱倒板，拉开了幕，她已经坐在最高一层的岩石上，十个云童，两个仙女，或坐或立，分布在岛的三层，都有固定的岗位，构成一幅立体彩色“洛神图”的画面。云童穿的服装，手里拿的伞、扇、采旄、挂旗等仪仗，都是参考古画上的式样、图案，结合舞台上的需要，配合布景的条件而定制的。

这场戏一共要演二十几分钟，唱的方面，从“西皮”“倒板”“慢板”“原板”“二六”逐步由慢的节奏一直唱到“快板”为止。舞蹈方面我是随着唱腔的快慢创造出许多新的姿势。音乐部分，在原板的过门中，也巧妙地运用了各种老的曲牌来衬托我的舞蹈，观众听了都说悠扬悦耳，对我的舞蹈帮助不小，而且没有生搬硬套的毛病。他们还说我设计这一布景没有浪费的地方，居然让它全部为我的表演来服务。我也承认布景是在《洛神》里起了作用，没有它我就不能演这出戏。

我为什么要在《洛神》里设计这样一堂布景呢？因为这是一出很美丽而含有诗意的神话戏，里面有神女在仙岛上歌舞的场面。

剧本是根据曹植所写的《洛神赋》来编写的，内容是描写曹植路过洛川驿，夜梦仙女约他川上相会。等他们在洛川见了面，洛神才说明她就是曹植早就思慕的甄后，彼此追念前情，互道珍重，惆怅而别。

演洛神这个角色，先要细细揣摩《洛神赋》原作的精神和剧本台词的含义，多看古代有关神仙故事的名画和雕塑，再从想象中去体会洛神的性格，把她的惆怅、怀恋、寂寞、凌空的心理状态表达出来。特别是眉目之间的传神，表面上好像淡淡的，内心里却是极其凄楚激动的。在唱腔方面，我使用了传统的老腔，略加变化，主要是表达婉转长吟、哀厉永慕的感情。舞蹈方面，要使观众感觉到有“神光离合”“乍阴乍阳”“翩若惊鸿”“宛若游龙”的意境，这样才能符合神仙的恋爱心情和这段故事的悲剧性格。

我使用布景的时间将近二十年，也只有在《洛神》这出戏里用的比较恰当，这也可以说明在古典戏曲里运用布景，实在不是一件简单的事情。

我们的剧团到各地旅行演出，是想通过表演和观摩，互相学习，交流艺术经验。不过，吸收别人好的东西，必须经过一番融化，使它很调和、很适当地用到自己的剧种里来。

每一个剧种都有它独特的风格，我们所期望的是每一个剧种都从原有基础上发扬光大，不要在吸取别人的东西的同时，丢掉了自己传统的风格。毛主席给我们指示，是要我们“百花齐放”，不要我们变成一花独放。

这次我们在西安，受到各有关单位的大力支持，和观众的热烈欢迎，使我十分感动，但是演期很短，不能满足大家的要求。我实在抱歉之至。

《谈表演艺术》

我怎样排演《穆桂英挂帅》

梅兰芳

缘　起

一九五九年是我们新中国成立十周年，为了迎接这个伟大的国庆节日，全国戏曲界掀起了如火如荼的庆祝高潮。各地剧种纷纷排演了精彩节目，有历史戏，也有现代剧，陆续来到首都作预展演出。我已看到许多好戏，有的是成熟的艺人们演的，也有戏曲学校的小学生演的。总起来说，人人鼓足干劲，认真表演，准备在国庆节日大显身手，以满足怀着欢欣鼓舞心情的广大观众的要求。在这百花齐放、万紫千红的光辉气象中，我不例外地也要为国庆献礼而努力。因此把要到西南地区作巡回演出的原定计划放弃了，在北京花了两个月的时间，排演了一出《穆桂英挂帅》。

排演新戏，本来是我青年时期的经常课程。我记得工作最紧张的一段，是在一九一五年的四月到一九一六年的九月，这十八个月当中，我曾经上演了十一出没有演过的戏，这里面包括时装新戏《一缕麻》等四出，我创制的古装新戏《嫦娥奔月》等三出，昆曲传统节目《思凡》等四出。事隔四十来年，还是值得回忆的。抗战期间我息影八年。自从抗战胜利后再度出台，一直到一九五九年，大部分时间重点安排在各地演出和整理剧目方面，尤其是新中国成立后经常去各省市做巡回演出，截至现在已到过十七个省，工作繁忙，更没有时间排演新戏，这出《穆桂英挂帅》，是我新中国成立后所排的第一出新戏。

北宋时代，有一位著名的边关守将杨业，在戏曲里叫他杨继业，也就是大家熟悉的杨老令公，他在边防上建过丰功伟绩，人民一直在怀念他，因此，民间流传了许多可歌可泣的杨家将故事。相传穆桂英是杨继业的孙媳，当她青年时期，大破天门阵，也曾为宋王朝立过不少汗马功劳。杨家将在抗敌战争中，几乎全家为国牺牲，却得不到朝廷信任，后来穆桂英也随着佘太君辞朝归田，隐居故乡。这出戏的故事发生在她退隐二十多年后，西夏又来寻衅，边关告急，宋王传旨在校场比武，亲选帅才。穆桂英的女儿杨金花、儿子杨文广参加比武，杨文广当场劈死奸臣王强之子王伦，夺取帅印，宋王见他们姊弟年幼，就命穆桂英挂帅。姊弟捧印回家，穆桂英见了帅印，触动前情，不愿出征，经过佘太君的劝勉，她才为了保卫祖国，蠲除私愤，慷慨誓师，驰往前线。

穆桂英这个角色，对我来说是不陌生的。早在四十年前，我就演过她青年时代一段恋爱故事的戏——《穆柯寨》《枪挑穆天王》。这虽是写她恋爱故事的戏，但却表现了她的聪明、天真、勇敢而且富有爱国思想，我非常喜爱这个人物，不断演出这两出戏，因而和她结下了深厚的感情。

这个角色在京剧里由刀马旦应行。我们所谓旦行是个总名，里面还分许多类别。我幼年开蒙是学的青衣，后来兼演了闺门旦、花旦和刀马旦。如果要拿文戏武戏来区分的话，前三类纯粹是文戏，后一类就接近武戏了。以上四类角色，各有它的表演方法，可以这样说：闺门旦比较接近青衣，花旦比较接近刀马旦。我学刀马旦，第一出戏就是《穆柯寨》。

我既熟悉穆桂英的人物性格，按说这次排演过程，应该是驾轻就熟，毫不费力了；可是，实际上事情并不这样简单。过去我只是以刀马旦的姿态塑造了她的青年形象，而这出戏里的穆桂英却是从一个饱经忧患、退隐闲居的家庭妇女，一变而为统率三军的大元帅，由思想消极而转到行动积极。从她半百年龄和抑郁心情来讲，在未挂帅以前，应该先以青衣姿态出现。像这样扮演身兼两种截然不同行当的角色，我还是初次尝试。

第一场戏

《穆桂英挂帅》全剧共有八场戏，我只来谈谈穆桂英的三场戏。

第一场（全剧的第二场）《乡居》，是写杨家听到西夏犯境的消息，佘太君虽已多年来不问朝政，不免还要关怀国事，她命杨金花、杨文广进京探听朝廷如何应敌的措置。穆桂英顾虑到奸臣在朝，汴京是非之地，不赞成派这两个年幼不懂事的儿女进京。这里有四句西皮原板，说出她的意见。后经儿女们一再恳求，杨宗保又从旁解说，也就不坚持了。这场戏里穆桂英是梳大头，穿蓝帔，地道的青衣打扮。她的事情虽然不多，但一上场就应该把她二十年来一肚子的不痛快从脸上透露出来，使观众对她的苦闷情绪先有一种感觉，这样做，不但对本场的不赞同派儿女进京有了线索，而且是后面不愿挂帅的根源。

第二场戏

第二场（全剧的第五场）《接印》，是全剧的主要场子，这里面唱得多，动作表情多，思想转折多，有必要把穆桂英随着剧情发展而逐步深入的内心活动，分成几个阶段来详细介绍一下。

她刚出场唱的四句西皮慢板，是说她深恐儿女们在外遭到奸臣的暗算，盼望他们早回。这是“挂念”阶段。跟着儿女们回来，向她叙述他们在汴京校场比武，刀劈王伦，宋王命她挂帅的经过。她一见帅印就勾起痛心的往事，严斥杨文广不该在外闯祸，还抱印回家，一时的激动，使她竟要绑手上殿，交还帅印。这是“愤慨”阶段。下面佘太君出场，问她为何不愿挂帅？她有大段“二六”，说明宋王朝平日听信谗言，把杨家将累代功勋置之脑后，一旦边防紧急，又想起用旧人，实在使她寒心，不如让朝廷另选能人吧。这是“怨诉”阶段。后来接受了佘太君的劝勉，答应挂帅，佘太君很喜欢地下了场，她正准备改换戎装，耳边听到聚将擂鼓之声，立刻振起当年奋勇杀敌的精神。这里唱一段“快板”描写她情绪高涨。这是“奋发”阶段。

这出戏的主题，是从穆桂英的不愿挂帅反映宋王朝的刻薄寡恩，又从她的愿意出征表现本人的爱国精神，剧本这样安排是完全适当的。但是穆桂英刚从不愿出征转变过来，紧跟着就是闻鼓声而振奋，这地方接得太快了，对于角色的情绪还没有培养成熟，这样制造出来的舞台气氛，好像不够饱满。同时，我体会到这位女英雄毕竟有二十多年没打过仗了，骤然在她肩上落下这副千斤重担，必定有一些思想活动，这里也有必要给她加一段戏。首先，我想到在送走了佘太君，场上只剩穆桂英一个人的时候，给她的思想里加上一层由决定出征而联系到责任重大，如何作战的事前考虑。但这一思想斗争必须结束得快，慢了又会影响后面的高潮，又因为前面的“怨诉”和后面的“奋发”各有大段唱工，这里不宜唱得太多，大段独白更安不上。这不过是初步计划，如何实现还没有思考成熟。

有一天我看到河北梆子跃进剧团一位青年演员演的《穆桂英挂帅》里《接印》一折，她在穆桂英的思想转变过程中有左右两冲的身段，启发了我，使我很快地就联想到《铁笼山》的姜维观星，《一箭仇》的史文恭战罢回营，都有低着头揉肚子的身段，何不把它运用过来呢？根据这个意图，我大胆地采取了“九锤半”的锣鼓套子，用哑剧式表演，纯粹靠舞蹈来说明她考虑些什么。

“九锤半”的打法，锣声有时强烈，有时阴沉，一般是在武戏里将领们出战以前，个人在估计敌情，做种种打算时用的，锣声有强有弱，是为了表达思潮的起落，文戏里向来少用，青衣采用则更是初次尝试。

剧本初稿在这里有六句唱词：“二十年抛甲胄宝剑生尘，一旦间配鞍马再度出征，为宋王我本当纳还帅印，怎当那老太君慈训谆谆，一家人闻边报争先上阵，穆桂英岂无有为国为民一片忠心。”我上面不是说过这里不宜多唱吗？所以我把它减为这样四句：“二十年抛甲胄未临战阵，今日里为保国再度出征，一家人闻边报雄心振奋，穆桂英岂无有为国为民一片忠心。”等到我安排身段的时候，又发现了唱词和表演有了矛盾。我的目的是要把这段哑剧式表演放在第三句后面，才能用第四句结束这段思想过程，如果放在第四句唱完之后，紧接着听到鼓声，就有层次纠缠不清的毛病。因为这两个转折的层次，前者用“九锤半”，后者用“急急风”，节奏都非常强烈，一定要把它们隔开才对。我原意是想加强“奋发”气氛，像那样叠床架屋，是起不了作用的，而且没有机会让思想考虑得到结束，但正碰上第五句唱词是“一家人闻边报雄心振奋”，这句下面紧接着考虑动作，那就坏了，变成她考虑的是要不要打起精神来保卫祖国的问题，岂不大大损害了这位有爱国思想的女英雄吗？我只好把原词再度改动如下：“一家人闻边报雄心振奋，穆桂英为保国再度出征，二十年抛甲胄未临战阵，难道说我无有为国为民一片忠心。”前两句是表明她决定出征的态度。唱完第三句“二十年抛甲胄未临战阵”，哑剧开始，我挥动水袖，迈开青衣罕用的夸大台步，从上场门斜着冲到下场门台口，先做出执戈杀敌的姿势，再用双手在眉边做揽镜自照的样子，暗示年事已长，今非昔比，再从下场门斜着冲到上场门台口，左右各指一下，暗示宿将凋零，缺乏臂助，配合场面上打击乐的强烈节奏，衬托出她在国家安危关头的激昂心情。其实，她所考虑的两个问题根本都得不到结论，所以等我转到台中间，着重念了一个“哎”字，叫起锣鼓来唱第四句“难道说我无有为国为民一片忠心”，把当时的顾虑扭转过来，这句唱是对自己说：何必多虑呢？仗着保国卫民的忠诚去消灭敌人好了。这是我在“怨诉”和“奋发”的中间加的“考虑”阶段。多此一番转折，好让观众先嗅到一点战争气味，为后面的高潮造成有利条件。

按照文气来看，现在的三、四两句好像不甚衔接，这是因为我的哑剧里包含着不少无声语言，“哎”字一转，结束上文，下句是可以另起的。

下面，我背着手，脸朝里，听到鼓角齐鸣的声音，先向后退两步，然后冲到上场门口，把双袖一齐扔出去，转过身来，脸上顿时换了一种振奋的神情，仿佛回到了当年大破天门阵百战百胜的境地，走半个圆场到了下场门口，转身搭袖，朝里亮住，这时场面上又加了战马声嘶的效果，更增强了气氛，转身接唱“快板”后，跨进门，得意扬扬地捧着帅印唱出“我不挂帅谁挂帅，我不领兵谁领兵”的豪语。末两句：“叫侍儿快与我把戎装端整，抱帅印到校场指挥三军”，从军字行腔里走一个圆场，回到台的正中，再对着上场门台口上一步，亮住了相，威风凛凛地转身捧印进场。

穆桂英在她的第一场里穿帔，第三场里扎靠，都有成规可循，惟独第二场的后半截最难处理，她还是穿的青衣服装，怎样才能显出英武气概呢？这两种行当和表演方法根本矛盾，的确是个难题。我从哑剧开始一直到捧印进场，一切动作，比青衣放大些，比刀马旦文气些，用这种方法把两类行当融化在一起，还要使观众看了不感到不调和，这只能说是我在摸索中的大胆尝试，做得不够满意，还有待于不断的加工。

我常演的《宇宙锋》里装疯的赵女念到“我要上天”“我要入地”两句时，也有左右两冲的身段，表现的是疯子模样，只比一般青衣的步子走得快些，动作放大些。穆桂英是员武将，她的两冲要显出作战精神，我加上了蹉步，走得比赵女更快些，动作也更夸大些。从表面上来看，这两个角色都是夸大青衣的表演，而骨子里有程度深浅的不同，如何做得恰如其分？全靠舞台实践，火候到了，自然就会掌握。

我从前看过孙菊仙老先生演的《浣纱记》。这戏里的伍子胥，头戴高方巾，身穿蓝褶子，是老生扮相，老生应行，因此，一般演员都按老生表演，和祢衡、陈宫没有多大差别。孙老先生塑造的伍子胥形象，却不是这样，他一出场就把马鞭子扬得高高的，身上的架子，脚下的台步，都放大了老生的动作，加上他那种高亢宏大的嗓子，英武愤激的神态，气派真不小，使人一望而知是那位临潼斗宝的英雄人物。这种塑造人物的方法，对我今天处理第二场的穆桂英是起着借鉴作用的，所不同的地方，他只是放大动作，而文戏的锣鼓节奏没有变动，我这次采用了武戏的锣鼓套子，进一步要具体地做出临阵交锋的姿势，换句话说，文戏打扮，武戏节奏，比他更为费事。

我的老伙伴李春林先生对我说，这场戏的穆桂英，又是青衣，又是刀马旦，京戏里从来没有见过，您安身段，千万注意别“拉山膀”。他的意思是怕我安的身段和服装扮相不调和，这种想法很高明。李先生大我两岁，他过去常陪着杨小楼、余叔岩先生等演戏，见得多，知道得多，有丰富的实践经验，给我把场多年，他在后台常提醒我：哪里身段重复了，哪里部位不够准确，哪里表演不够明显，哪地方多啦，哪地方少啦。三十年来，我得到他的帮助非常之大。我常对青年演员们说：多向老前辈请教，要请他们不客气地指出缺点来，能教的请他们教一教，不能教的请他们谈谈表演经验也是好的。因为我就是从这条道路走过来的。

这场戏里穆桂英上场，最初剧本的规定是，念完两句诗，就上杨金花、杨文广。我感到前一场他们刚在校场比武，打得很热闹，这里有必要使舞台气氛沉静一下；同时，这出戏里没有“慢板”唱工，缺乏主曲，总觉得不够完整，我把念两句诗改为唱四句“西皮慢板”，说出穆桂英的盼儿心切。唱词用的是人辰辙，好像《汾河湾》的柳迎春在挂念丁山，但柳迎春只是单纯的慈母盼儿心肠，穆桂英却含有两种顾虑，一是急于要知道朝廷如何应敌的消息，二是怕奸臣对小孩们进行迫害。两个人盼望的心情不同，就不能用同样办法来处理。现在，我唱这四句的时候，是按照后一种心情来表演的。

第三场戏

第三场（全剧的末场）《发兵》，是写穆桂英在出征以前，检阅队伍和教训儿子的两桩事情。她在幕内唱完“西皮倒板”，八个男兵，八个女兵，四个靠将和一个捧印官先在“急急风”里快步上场，这地方最初想按一般演法“站门”上，后来考虑到我在队伍当中要唱十句，时间较长，我的活动范围会受到拘束，因此改用了“斜一字”上，分三行在下场门边站齐，然后穆桂英披蟒扎靠，戴帅盔，插翎子，抱着令旗宝剑，背后高举着“穆”字大纛旗，在“慢长锤”里扬鞭出场，接唱三句“西皮原板”，是说军容的整齐。唱完了，队伍又扯到上场门边，同时，杨宗保、杨金花、杨文广全从下场门出场，就站在下场门边。穆桂英转到台的中间，见了丈夫和儿女们一个个全身披挂，雄赳赳，气昂昂，站在面前，立刻使她回忆到少年光景。这里有六句唱词：“见夫君气轩昂军前站定，全不减少年时勇冠三军；金花女换戎装婀娜刚劲，好一似当年的穆桂英；小文广雄赳赳执戈待命，此儿任性忒娇生。”我从第二句起改唱了三句“南梆子”。“南梆子”曲调比较悠扬婉转，容易抒写儿女亲切缠绵的情感，用来表达穆桂英的青春思潮，跟我那时脸上兴奋愉快的神态相结合，是再适宜也没有的了。对杨文广唱的两句，指责他有任性的缺点，那就不能再用这个曲调了，所以又转回“西皮原板”，这两种曲调的板眼尺寸本来接近，来回倒着唱，听了是不会感到生硬的。

角色在戏里换调创腔，让观众耳音为之一新，只要不是无原则地编造，不是一味标新立异耍花腔，掌握了腔调里的情感，那是好的。程砚秋同志在祝英台《抗婚》里创造了一个哭头下干唱的新腔，台词是："老爹爹你好狠的心肠"，从声腔里充分地传出了祝英台有说不出来的一肚子怨气。这的确是个深合剧情的好腔。它的特点是刻画封建社会的女儿，不敢当面骂父亲，但被顽固的老头儿压迫过甚，逼得她无路可走，终于不能不透露出一点痛苦之声。再说京剧里角色干唱一句，习惯上往往用在遇到左右为难的时候，正合乎祝英台不敢说又不能不说的两难心理，所以砚秋同志不是孤立地创制新腔，妙在既好听，又充满了情感，用的场合更十分恰当，而且还不离开传统法则。近来有些青年演员常常采用这个好腔，我希望大家注意到这一点：如果剧中人不受祝英台那种环境的束缚，而是可以尽量发泄自己的悲痛的场合，也使用了它，恐怕说服力就不大了。

穆桂英进了校场，拜印，坐帐，跟着奉旨犒军的寇准上场，对杨文广大加夸奖，引起了这位杨家小将藐视敌人的言论，穆桂英借此要给儿子一个严厉的警戒，传令问斩。杨宗保和众将一再求情，全不答应，最后接受寇准的讲情，才饶恕了他。当众将求情时，按照传统表演方法，一般都在"乱锤"里掏双翎，两手抖着向两旁将士们看。我这次小有变化，掏着双翎，向外亮住，先不抖双手，用眼偷看寇准，然后抖右手看右边，转过脸来再抖左手看左边。我的意思是说，穆桂英首先想窥探寇准的态度，他究竟识破我的用意没有？等看到寇准若无其事地坐在一旁，知道这位老于世故的寇天官已经懂得我的作用，他必然会来讲情的，那就不妨放开手来做，坚决拒绝众将的请求，加重对儿子的打击。《群英会》周瑜打黄盖时，也有偷看诸葛亮的做派，当年程继仙先生演得最传神，我就拿来借给了穆桂英。同样都是偷看，目的却大相悬殊，周瑜是惟恐诸葛亮识破他的巧计，穆桂英是希望寇准了解她的苦心。

下面，佘太君到校场送行，勉励了后辈们几句话，穆桂英就告别佘太君、寇天官，率领全军，浩浩荡荡地向战地出发，全剧到此结束。

从寇准上场以后，围绕着教育杨文广做戏，虽然也有一些内容，我总觉得不够丰富，但校场里可能发生的事情，无不与军令、军事有关，要穿插些别的故事，并不容易，我们还没有想出更好的办法来，希望大家看了，多给我们出些主意。

关于结尾应否与敌军会阵的问题，我们曾经反复讨论多次，有人认为全剧高潮已过，再加开打场子，只是交代故事，不能增加精彩，况且，杨家将的威名，人民对它早已抱有百倍信心，此番出征，定然胜算在握，没有必要再用明场细说了。我赞同这个意见。剧名《穆桂英挂帅》，到此为止，也还是名副其实的。

借　鉴

这样演出了十几次，第二场的效果比较好，观众说我在这场戏里的几个捧印姿势，使人看了有雕塑美的感觉。这和我平时喜爱美术，多少有点关系。前年我去洛阳演出，看到了当地名迹——龙门石刻，整座山上刻满了无法统计的庄严佛像，尤其是刻在山上奉先寺的几尊大佛，中座一尊身高十几丈，它的一只耳朵的高度比人还高，雕刻得细致，从庄严中透出秀丽之气，真够得上说是壮观了。我去年又到太原演出，游览了晋祠名胜，看见圣母殿里两旁塑着几十个宫廷妇女，经过考据，这还是宋代雕塑家的手笔。这些塑像，有的手拿器具，有的笑容可掬，有的面带愁容，个个都能从当时的现实生活中表现出妩媚生动的姿态，没有一个是同样的。我在它们旁边一再徘徊，感到美不胜收，舍不得离开。这许多优秀的美术作品，对一个演员来说，平日看在眼里，记在心头，在丰富创造生活上是有极大的益处的。我幼年常看三位老艺人合演的一出神话戏《青石山》。李顺亭先生扮关羽，杨小楼先生扮关平，钱金福先生扮周仓。关羽端坐中间，周仓拿着青龙偃月刀，关平捧着印，侍立两旁。这幅壮丽画面，活脱是古庙神龛里的精美塑像，给了我很深的印象。这次恰巧有捧印的表演，我不知不觉地把上面的种种印象运用进来了。你问我究竟像哪一个具体的塑像？我也说不上来，因为我根本没有打算模仿哪个塑像。我们知道，不论哪一种艺术，都应该广泛地吸取营养来丰富自己，但如果生搬硬套，只知追求形式，不懂得艺术作品的神韵，貌合而神离，那就谈不上真正的艺术了。

《穆桂英挂帅》是豫剧的老剧目，京剧中原来没有。四年前我在上海第一次看到豫剧马金凤同志演的《穆桂英挂帅》，引起了我的注意，因为我虽然和穆桂英做了四十年的朋友，还不知道她的晚年有重新挂帅的故事。她那老当益壮的精神，使我深深感动，我们有着情感上的共鸣，因此，今年我就决计把这株豫剧名花移植到京剧中来。

我们现在有着三百多个地方剧种，发掘出五万多个传统剧目，这笔丰富多彩的遗产，保存在各剧种里，向来是可以彼此移植的，但各剧种的风格不一样，移植的时候，不要忘记了自己的本来面貌。我演的《穆桂英挂帅》，有些变动豫剧的地方，就是为了风格关系。例如：《乡居》一场；豫剧是杨宗保、杨思乡（宗保之弟）、穆桂英先后上场，各唱一段“慢二八”，穆桂英唱的最多，有二十句唱词，每人进门参见佘太君后默默地坐在一旁，大家见面都没有一句念白。这是豫剧的传统表演方法，着重多唱，并且以唱代白（这三个角色的最末两句唱词里都有问太君好，向太君请安的话）。京剧就不能这样处理了。我们是杨宗保上唱两句，穆桂英上念两句，进门见了佘太君都有对白。《发兵》一场，豫剧的穆桂英出场有几十句唱，台下听得十分痛快，认为是个主要场子。放到京剧来又不合适了，所以我只唱十句，这不是说我年纪大了，怕多唱，即便让有嗓子的青年演员来演，也不可能连唱几十句。从上面两个简单例子来看，已经能够说明不同剧种必然会有不同的表演方法。

近年来戏曲界有了一种倾向，道白和锣鼓点喜欢学京剧，旦角的化装和服装喜欢学越剧。学习兄弟剧种的好东西，准都不会反对，如果因而丢掉了自己的特点，破坏了原有的风格，也是值得考虑的。

现在的越剧旦角除演老剧以外，多数是梳古装头，穿古装衣服。我当年为了演神话戏，创造古装，第一个戏是《嫦娥奔月》。嫦娥的形象是我们从古画里找到一些材料，加以提炼、剪裁而塑造出来的。后来又引申塑造其他神话里的仙子和红楼人物。这不过是为舞台上添了一种美化古代女子的类型，现在大家又把它的应用范围扩大了，当然是可以的，倘若照这样发展下去，各剧种全拿它来代替梳大头的老扮相，把优良传统的东西抛掉，那我就不敢赞同了。舞台艺术不是讲究多样化的吗？我觉得这两者可以并存，尤其是古老剧种要多加注意，什么戏该用老扮相，什么戏适宜扮古装？最好根据人物性格做恰当的安排，像挂帅的穆桂英年已半百，就不宜于古装打扮，这也是一个例子。

尾　声

拿我最近排演《穆桂英挂帅》和二十年前排新戏的情况对比一下，工作方法显然是大大改进了。从前一出新戏的出现，经过找题材、打提纲、写总本、抄单本几个阶段以后，每个演员先把单本背熟了，大家凑在一起说一说，再响排几次，就搬上舞台和观众见面了。如何创造角色，全靠演员自己的体会，但他们看不到总本，对剧情不够全面了解，因此体会上就不容易深入。这种老的排戏方法，只有个人的思考，没有集体的研究和总结的效能。现在我们建立了导演制度，起着很大的作用。导演是了解全剧内容的，他可以先对每个演员作一番分析人物性格的工作，这一点已经给了演员不少的帮助。我排新戏有导演，还是第一次。这次的经验告诉我：导演要做全剧的表演设计，应该有他自己的主张，但主观不宜太深，最好是在重视传统、熟悉传统的基础上进行创造，也让演员有发挥本能的机会，发现了问题，及时帮助解决，有时候演员并不按照导演的意思去做而做得很好，导演不妨放弃原有的企图，这样就能形成导演和演员之间的相互启发，集体的力量，比个人的智慧大得多。我们得到了中国京剧院导演郑亦秋同志的协助，他是属于熟悉传统表演，又能让演员们发挥本能的导演。

这个剧本是陆静岩、袁韵宜两位同志执笔的，它的内容和豫剧本基本相同，豫剧本只有五场戏——《乡居》《进京》《比武》《接印》《发兵》。京剧本在《乡居》前面加了一场《报警》，把寇准进宫报告边关危急，宋王和寇准、王强商量御敌策略，决定比武选帅等过程用明场交代；又在《接印》后面加了一场《述旧》，杨宗保在到校场以前，给他的儿女们述说当年穆桂英的破敌威风和军令森严，为下面教育杨文广伏一条线索；另外还加一个众将驰赴大营的过场戏——《听点》。这样，京剧本就成为八场戏。个别场子里比豫剧本也有所增减，例如《进京》一场，杨金花、杨文广到了汴京，作者给他们加了一段戏，让他们找到了昔年杨家故居——天波府，现在已经变成了奸臣王强的府第，姊弟二人就在门前徘徊不已，感愤交加。这个穿插能够反映宋王朝薄待功臣的事实，并且激发了两个杨家小将继承祖先勋业的志气，思想性是好的。

还有，徐兰沅先生帮我安腔，田汉同志给我改词，文艺界朋友们提供许多宝贵意见。所有以上种种，都是热爱艺术事业的表现，对我们的演出给了很大的鼓舞，使我们更清楚地认识到群众力量的伟大！

《我怎样排演〈穆桂英挂帅〉》

传统剧目的发掘整理与改编

梅兰芳

经过全国剧目工作会议以后，各地都在大力发掘传统剧目。许多老艺人兴致勃勃地翻出他们的箱底，文化部门也发动了演员，举办了讲习班或举行会演，有的偏僻地区的剧团，也得到了交流经验的机会。并且还发现了可贵的遗产。有许多久未上演的好戏都和观众见面了。总之，在过去一年中，戏剧界出现了欣欣向荣的新气象，各地的戏院上座率都得到普遍的提高，演员的生活有了改善，同时，中央对各地发放的补助金也大大鼓舞了戏曲界的从业人员，特别是有些老艺人的生活得到照顾，对于发掘传统剧目，培养下一代的工作，都起着显著的作用。但是，我们在打破清规戒律，大力发掘传统剧目的同时，也要注意有一些既不是传统剧目而又充满毒素的戏，最好别让它经常和观众见面。有些发掘出来准备上演的传统剧目里面，如果实在有不健康的地方，大家也不用害怕。我们可以先整理一番，演出后再听取观众的反映，边演边改。我想，这样做是比较妥当的办法。总之，使各种琪花瑶草都开得辉煌灿烂，这才是我们对观众应尽的责任。

在旅行演出中，沿途看到各地报纸上发表的戏曲评论，有对于传统剧目的推荐和对改编剧目的赞许，也有对连台本戏指出缺点的批评。在我接触的各界戏剧爱好者的舆论当中，对此也有个别不同的看法，我想提出来大家讨论。

我国古典戏曲的演出方式，大约不出下面三种：（一）每场演出几个单折戏；（二）每场只演一个从头到尾的故事；（三）连台本戏。这三种方式的本身并无好坏之分。譬如人们的服装，目前就有三种样子：长袍、制服、西装。我们决不能从服装上来断定穿长袍的是地主，穿制服的是干部，穿西装的是资产阶级。我们鉴别一个人的品质，要观察他的思想和行动。看戏要细看它的内容，才能判定它的优劣。总而言之，这三种演出方式，都应该以剧本主题、表演艺术为主；服装、布景、道具、装置……也应该在烘托剧情而不妨碍表演的原则下来设计；如果专用离奇怪诞、脱离实际的方法来号召观众，结果是站不住脚的。上面讲的三种演出方式，现在都同样受到观众的欢迎。我这一次旅行演出中，没有看过连台本戏，按理说，我没有发言权。但我却愿意提出一些建议。

我知道，在程长庚老先生领导的三庆班里，曾演出连台《三国志》。我的祖父梅巧玲领导的四喜班曾演出连台《雁门关》《梅玉配》……我本身就演过这类老的连台本戏，并且还亲自排演过一、二、三、四本《太真外传》。以上所说的连台本戏，虽然也有个别使用砌末布景的，但主要是以演员的表演艺术为中心。当年的观众所津津乐道的活鲁肃、活曹操、活周瑜、活张飞、活诸葛亮等等称号，就产生在连台《三国志》里面。后来我在上海住家的时候，曾看过以机关布景来吸引观众的连台本戏；也有如《狸猫换太子》里面就包括《打寇》《断后》《铡美案》……传统剧目在内的。

今天，我们的戏剧事业正在百花齐放、美景当前的时候，我希望戏曲界的同志们要耳聪目明地辨别精粗美恶，倾听群众的意见，虚心检查自己的工作，哪些是有成就的，哪些是要不得的、需要改正的。同时，也希望批评家们要平心静气地提出善意的批评。我回京以后，有人告诉我，最近上海的两部连台本戏，《封神榜》就比《欧阳德》好。在剧本方面，《封神榜》是照着原书《封神演义》回目顺序编写的，演员的表演也都很严肃。《欧阳德》里面有好多情节是虚无缥缈，毫无根据的。在布景方面，这两出戏都采用了机关布景。《封神榜》有狐狸精吃掉妲己的一场，妲己正睡在床上，忽然，轰的一声响，从她床前放出一团白烟，紧接着走下床来的妲己，已经不是刚才那个人，而是狐狸精的人形。这两个旦角的服装完全一样，台下观众须要仔细辨认，才能看出人是换过了。这虽然像是耍戏法，却没有离开剧情。《欧阳德》里有一场开打，欧阳德就在这时跑上了一座有楼梯的更楼。他把帘子拉得严严的，好像还躲在里面。等到敌人赶上更楼，打开帘子一看，人已不知去向。正在四处搜索的时候，欧阳德忽然又从前台观众中间走上了台。像这样变戏法，跟剧情有什么关系呢？我们从事戏剧工作的人，最重要的资本是艺术，要知道人是会老的，艺术是不老的。像那天我看到大和尚老先生的表演，是青年人所望尘莫及的，如果当年没有勤学苦练的功底，现在就不可能还有这样精彩的表演。老话说得好："少壮不努力，老大徒伤悲。"因此我联想到各地刮起来的连台本戏一阵风，我们的青年演员千万不能认为连台本戏有叫座能力，就发生一种依赖思想，因而忽略了艺术的锻炼和进修，错过了向传统艺术学习的机会。同时，希望主持排演连台本戏的同志们，也要尊重演员的表演艺术，不能依靠商业化的噱头号召观众。我过去看见连台本戏的全盛时代，也看到它衰落下去。如果老没有真东西给观众欣赏咀嚼，那么这阵风就会刮过去的。我不是在这里扫大家的兴，只是就我所知提出来，供大家参考讨论。

我们的艺术，必须"货真价实"，颠扑不破，才能流传永久。像《西厢记》《琵琶记》《拜月记》《白兔记》《牡丹亭》《雷峰塔》等许多传奇名作，有的已经演了几百年，至今还在上演。又如以《三国演义》《水浒》等小说为题材的许多好戏，至今也仍然受到群众的普遍欢迎。另外，各剧种还拥有数量不小、具有代表性的保留剧目。这些都是祖先们给我们留下的遗产，我们必须好好地继承下来，使它们发扬光大。但我们还必须要有新的创作。同时在发掘、整理、改编工作中，大家要集中力量来共同创造，也给下一代留下些像样的东西。

有些戏的传统表演，也不是一点不能改动的。我这次沿路看到的地方戏，如汉剧《详状》里面老院子的关门身段，关了头门，绕个圈子又关二门，我觉得关一次就够了，因为舞台上的表演，虽然要有生活，如果把日常生活细节全部搬到台上，那就太琐碎了；赣剧《犒军夜访》中，尉迟恭犒军一场，有两个军士张贴榜文的表演，先刷糨糊，再贴榜，贴完了再刷一次墙，翻来覆去地有许多动作，占的时间太久，像这样与剧情关系不大的地方，只要有了交代就够了，不必在这上头大做文章，因为这样做会使观众看了反而感到啰唆的。祁阳戏《借赵云》里面，赵云有些动作如踢腿、踢靠肚等，也显得重复，这可能是传统的演法。我们对待整理传统表演，固然应该保留原有的风格，如果遇到不必要的琐碎而重复的身段，不妨加以精简，但有些结合剧情而又能增加气氛的重复身段，那就不能一概而论了。像汉剧《烹蒯彻》里面，蒯彻直扑油鼎的动作，前后达三四次之多，一次比一次紧张，观众一点都不嫌它烦琐，原因是：油鼎这个杀人的刑具是戏里的重要关键，蒯彻又是被烹人物，这与前面所说的重复身段，性质是不同的。哪些可改，哪些不应当改，这就须要经过认真分析，仔细研究才能决定。

一个戏能够吸引住观众，这不是少数人的力量，而是整体的劳动成果。可以拿去年轰动全国的《十五贯》为例。我这次到杭州，听到文艺界的朋友告诉我一些关于这个戏的改编、创作的情况，使我深刻体会到一个优秀的艺术作品，必须在集体创作、水乳交融的精神上完成。他们的工作，从选定《十五贯》为整理对象开始，就成立了一个整理小组，新文艺工作者就和演员、音乐工作者以及其他舞台工作人员密切联系在一起，他们是各尽所长，群策群力，才真正达到了推陈出新的目的。在改编工作进行中，他们吸取了广大群众的正确意见。在音韵的规律方面，还向文艺界老先生不断请教，再三讨论，几经修改。演员们在掌握人物性格方面，也是倾听了文艺界有经验的同志们的意见，然后毫无拘束地、正确地发挥了各人的艺术才能，创造了出色的人物形象。我们今天看到《十五贯》的成功，应该研究他们所以成功的道理，吸取他们的经验。中央号召大家向《十五贯》学习，不是希望各剧种都上演这个戏，而是要求大家学习他们的工作方法和团结精神。《十五贯》的故事是很引人入胜的，但我们在发掘传统剧目或另排新戏的时候，却不必局限在这个范围以内。古往今来，社会上有形形色色许许多多的人物故事可以拿来作为歌颂、咏叹、批判、讽刺的对象，我们要扩大自己的眼界，创造出多种多样的艺术作品，才能符合“百花齐放”的方针。

《赣湘鄂旅行演出手记》

拍摄有声影片

梅兰芳

1930年2月27日，我们在纽约49号街剧院（49th Street Theatre）第一次演出。我们在这个剧院连演了两个星期，到第七天，派拉蒙电影公司到剧场来拍新闻片。那天大轴是《贞娥刺虎》，我们决定拍摄费贞娥向罗虎将军敬酒的一节，因为这出戏他们已经看过几次，剧情比较熟悉。那晚剧终人散后，电影公司把事先运来的各种灯及摄影机、录音机等布置好光线声路，我演完戏并没有洗脸，只是稍稍修整了面部的脂粉。开拍时，已经是午夜两点以后，第一个镜头，先由我们剧团里报幕人杨秀女士用英语介绍剧情，杨秀女士是华侨，我们到了纽约以后临时约她帮忙的。她的态度大方，英语流利清楚而有感情，观众反映良好。我们剧团在美国演出获得成功，她的热情帮助，也是不可抹杀的。介绍剧情后接着镜头就摇到我身上，是一个半身的特写镜头，先唱《贞娥刺虎》里面（脱布衫带叨叨令）曲牌中的“恁道是乐杀人也么哥，又道是杀人也么哥”两句，收音筒是悬空吊在舞台当中的。下面换了一个全景的镜头，露出整个舞台面，刘连荣扮演的罗虎念白：“侍女们看酒来，待俺回敬公主一杯。”贞娥念：“将军所赐，奴家敢不从命？也要请将军陪奴一杯。”念完这句，双手擎着酒杯款步走到罗虎面前，这时候整个舞台画面又转到我和刘连荣两人的身上，刘连荣念："当得的。"举杯一饮而尽，接着做出酒醉呕吐的样子，这时候，镜头又集中到我一个人的身上，我接着"呀"的一声，唱："赤紧的蠢不刺，沙咤利，也学些丰和韵。"在一个小锣"长丝头"（锣鼓点名称）的声中结束了这一段有声新闻片。

在拍摄之前，电影公司方面提出要拍一段角色齐全的场面和我个人的几个特写镜头，我想到只有这一场角色最全，费贞娥在这一场戴凤冠，穿蟒，围玉带，扮相很富丽，在表演方面，贞娥面对罗虎时和背过脸来是两副面孔，这种表情使观众容易看清楚剧中人的复杂心情，所以主张拍这一段。

这段新闻片，放映在银幕上虽然只是短短的几分钟，但那天晚上，连试拍带重拍以及摄影位置、角度上的斟酌，费去很多时间，整整搞了一夜，这便是我生平第一次拍摄有声电影的经过。

新中国成立前，美国电影在中国占着垄断地位，我在纽约拍的这段有声新闻片，当然也很快便走遍了中国的各大城市。我在美国演出还没有回来的时候，就听说这段有声新闻片——《贞娥刺虎》已经到了北京。我回国后，朋友们谈起北京放映这段片子的情况时说：当时真光电影院在一部正片之前加演这段新闻片，报纸上电影广告栏内将"梅兰芳《贞娥刺虎》"七个字登在显著的地位，还附刊了《贞娥刺虎》的照片，影院门口也是画着大幅的广告。开映时，天天客满。

我当时认为，观众这样热烈去看这段新闻片有几种原因：

1. 在国内放映的有声片都是外国片，还从没有中国演员拍摄过有声片。

2. 京剧演员初次在有声电影中出现。

3. 中国人关心自己的戏剧在海外的成功或失败。

还有一个原因，可能是北京的观众已经有好几个月没有看我的戏，当然也很关心我在国外演出的情况。

最近，我和当时的一位小观众——朱家溍同志谈起《贞娥刺虎》的拍摄经过，他也把当时看这段片子的印象告诉过我，他说："当年我跟随家人到真光看《贞娥刺虎》新闻片，大家一致认为唱念身段扮相都好，光线声音也不错，尤其是《贞娥刺虎》这出戏您在出国之前还没唱过，在电影里是第一次看到，所以格外高兴。"

那次赴美所演的三个主要剧目是《贞娥刺虎》《汾河湾》《打渔杀家》。其中《贞娥刺虎》演出的次数最多，也最受美国观众欢迎，这可能因为故事简练，容易理解，编排的手法也相当巧妙。

《我的电影生活》

《断桥》的拍摄

梅兰芳

当梅兰芳、周信芳舞台生活五十周年纪念会刚结束，摄制组立即继续投入了昆曲《断桥》的拍摄工作。这时，俞振飞已从半壁街搬到我家里居住，因为朝夕生活在一起，也就更便于我们在艺术上互相探讨。比如：关于如何掌握许仙与白娘子的性格问题，在纪念会期间，我和振飞合演过一次《断桥》，当时演出后文艺界曾提出过一些意见，对许仙见到白娘子和青儿后，惊怕之中带有一些傻相，认为振飞这样表演，对白娘子的性格是有损害的。观众会这样想：白娘子为什么会爱上这样一个傻头傻脑的人呢？我们在研究这个问题时，振飞说："这些亮相，当初向前辈沈月泉老先生学习时，还费了不少功夫。传统的演法，意在从形象上来刻画这个小商人的性格，现在看来确是有些过火了，必须重新揣摩创造。"我以为，白娘子对许仙，是爱他的诚笃老实，与一般传奇小说中描写月下花前才子佳人的情景是不同的。所以《白蛇传》描写许、白开始相会时，就以游湖借伞为引线，许仙宁可自己淋雨把伞借给白娘子和青儿，纯粹是出于同情和帮助，别无其他企图，白娘子就为了许仙的挚诚而对他发生了好感。剧本在这方面的描写，对许、白的性格是交代得相当清楚的。我们这次拍《断桥》，虽然只是《白蛇传》中一折，但从《白蛇传》开始对许、白的描写来掌握许、白的性格，对我们过去的表演作适当的修改，我看是必要的。例如，以往我在舞台上演白娘子与许仙言归于好后双双携手进场一场戏，按传统的处理，总是留下青儿一人独自最后进场，现在看来，白娘子这样对待一个患难相共的战友是不妥当的，也是有损白娘子的性格的。所以这次拍电影，我打算让白娘子和许仙再三向青儿取得谅解，而后三人相偕携手入场。振飞同意我的意见。

不久我们便进棚排戏，对某些身段和表情，与导演和有关的创作人员不断研究，又作了一些局部的修改，最后，经过彩排，便准备正式开拍。

正式开拍的那一天，已经是初夏季节了，棚内颇感闷热，我看见正对表演区域安装了一架大电风扇，两侧还有两架小电风扇，以为是借此送凉散热，减轻工作人员的疲劳的。我正感到做这工作的人想得周到，导演说："这些风扇的作用，还不仅在于送凉散热，主要的目的是按照这场戏的规定情境的要求，让风吹动衣袂，使人产生一种人行野外的感觉。"开拍了，第一场戏白娘子穿着带水袖的白裙子，有许多投袖、翻袖、搭袖的身段，但电风吹动衣袖，在表演上感到不甚应手。拍完这个镜头以后，我本想向摄制组提出意见，但又想到导演这样处理的目的在于要造成野外空旷的气氛，使观众看来更有真实感，所以我终于没有提意见，而努力控制自己的动作，使能适应电影的要求，尽可能做到两全其美。

《断桥》共分四场戏拍摄。第二场戏表现许仙想和白娘子相见而又怕青儿正义的惩罚的忐忑不安的心情，及至听到白娘子和青儿一声愤怒的呼唤，吓得惊慌失措，两腿发软，想跑又抬不起腿来，于是两手撩起衣襟横着鞋底，从慢步到快步进场。第三场戏表现白娘子和青儿怒气冲冲追赶许仙，边唱边跑圆场，当中穿插了闪跌和左右提鞋的身段。第四场戏是个高潮，三人同台追逐，最后白娘子、青儿追上许仙，青儿仗剑猛砍许仙，白娘子从中拦隔讲情，终于和解。这场戏在处理许仙在青儿剑下吓得丧魂失魄的亮相，和最后结尾下场，都如前述，根据文艺界朋友的意见，经过研究作了修改。

第四场戏三人追逐越逼越近的高潮，是用“三插花”的舞蹈动作来表现的。我们戏曲界前辈老先生之所以在这里安排了“三插花”的身段，完全是由于舞台的局限逼着创造出来的。分场追逐容易处理，同场追逼，如果不用“三插花”的舞蹈形式，在舞台上就难以造成紧张的气氛。但这个传统的“三插花”身段到了银幕上（电影是用俯瞰镜头拍的），效果似乎不及舞台，这也是舞台艺术不同于电影艺术的地方。

拍摄《断桥》应肯定的是它忠实地、准确地记录了这出戏的表演艺术。同时，根据剧情和人物的性格在表演上作了某些必要的修改，使这出戏更臻于完善。至于它的不足，我以为有两点：一、国画西湖图背景，烟水苍茫，作为一幅舞台后幕来看，是象征写意的，并不影响表演。但电扇吹动衣袖又把观众引导到实景的想象中去，而且背景的“三潭印月”、山、桥等又不能随着演员的行动变动部位，演员脚下踏着的不是山径小路，而是米黄色的地毯，真真假假，就使人感到不够协调。二、整出戏的色彩是不够鲜明的。在打光方面，面部的阴阳反差较大，对于戏曲里的旦角不大相宜。我的化装也有问题，我只是按照舞台化装略加变动，摄制组方面要求我的化装要淡，要接近自然，而我以为贴着片子，穿着戏衣，色调是很浓烈的，如果过于接近自然，怕不协调。当时因为拍戏很忙，没有余暇和大家坐下来对这个问题作仔细的研究，我也只能用尽量化淡一点的办法来力求适应电影的要求，所以虽然双方在做好这一工作的愿望上是一致的，但由于在技术上没有能找出解决舞台化装与电影化装如何统一的办法，所以还是没有收到应有的效果。

《我的电影生活》

与泰戈尔的交往

梅兰芳

我在开明戏院（现在的民主剧场）演出《洛神》，招待泰翁观剧。我从台上看出去，只见诗人端坐包厢正中，戴绛色帽，着红色长袍（按此为国际大学的礼服），银须白发，望之如神仙中人。还有几位印度学者也都坐在一起，聚精会神地看完了这出戏。泰翁亲到后台向我道谢说："我看了这个戏很愉快，有些感想，明日面谈。"

泰翁定20日夜车赴太原。那天中午，我和梁启超、姚茫父等为泰翁饯行。泰翁来时，穿中国的黑绒鞋，我问他习惯否，他说："中国的鞋子柔软轻松，使双足不受箍勒压迫，是世界上最舒服的鞋子。"他还告诉我："前几天到汤山小住，温暖的泉水涤净了我身上的尘垢。在晨光熹微中，看到艳丽的朝霞，蔚蓝的天，默默地望着地上的绿草，晓风轻轻摇撼着刚从黑夜里苏醒过来的溪边古柳，景色是使人留恋的。"停了一会，诗人若有所思地说："那天在郊外闲游，看见农民蹲在田垄边，口含旱烟管，眼睛望着天边远处，颇有诗意。"

席间泰翁谈到《洛神》，他对我的表演作了鼓励，惟对《川上之会》一场的仙岛布景有意见。他说："这个美丽的神话诗剧，应从各方面来体现伟大诗人的想象力，而现在所用的布景是一般而平凡的。”他向我建议：“色彩宜用红、绿、黄、黑、紫等重色，应创造出人间不经见的奇峰、怪石、瑶草、琪花，并勾勒金银线框来烘托神话气氛。”以后我曾根据泰翁的意见，请人重新设计《洛神》的布景，在不断改进中有很大的提高，但还没有达到最理想的程度。

泰翁认为，美术是文化艺术的重要一环，例如中国剧中服装、图案、色彩、化装、脸谱、舞台装置，都与美术有关。艺术家不但要具有欣赏绘画、雕刻、建筑的兴趣和鉴别力，最好自己能画能刻。他还告诉我关于他学画的故事说：“我一向爱好绘画，但不能画，有几次我在诗稿上涂抹修改，无意中发现颇有画意，从那时起我就开始学画。”

竺诗人说：“我的侄儿阿伯宁·泰戈尔（Abanindranath Tagore）是印度艺术复兴运动中的先锋，孟加拉国画派的创始人。他画过以法显、玄奘两位法师到印度取经为题材的《行脚图》，可惜这次没有带来。”

竺诗人即席介绍印度名画家难达婆薮，他说：“婆薮先生是阿伯宁·泰戈尔的继承人，孟加拉国画派的杰出画家，我所著的书，装帧、插画，大都出自他手，他对中国画很有兴趣。”泰翁还谈到几天前和中国画家联欢座谈，交换了意见。他问我：“听说梅先生对绘画曾下过功夫？”我告诉他：“那天出席的画家如齐白石、陈半丁、姚茫父……都是我的老师，我指着茫父先生说：“我爱画人物、佛像，曾画过如来、文殊、观音、罗汉像，就得到姚先生的指导。”

饭后，我向难达婆薮先生求画，他欣然命笔，对客挥毫，用中国毛笔在槟榔笺上画了一幅水墨画送给我，内容是古树林中，一佛趺坐蒲团，淡墨轻烟，气韵沉古。可惜当时没有请教所画的故事题材，后来我在画上以意为之地题作《如来成道图》，世袭珍藏，直到如今。

有人问泰翁：听说诗人对绘画、雕刻、歌唱、音乐无所不通，此番听了

《洛神》的音乐歌唱有何感想？他笑着说："如外国莅吾印土之人，初食芒果，不敢云知味也。"我们乍听这句话，不懂他的含意。座中有一位熟悉印度风俗的朋友说：芒果是印度果中之王，吃芒果还有仪式，仿佛日本的"茶道"（日本人请朋友喝茶，主宾都有一定的礼节，称之为"茶道"）。泰翁以此比喻，是说中国的音乐歌唱很美，但初次接触，还不能细辨滋味。

梁启超先生问泰翁："这次诗人漫游中国，必有佳句，以志鸿爪？"竺诗人答："我看了《洛神》，正在酝酿一首小诗，送给梅先生。"大家见他凝神构思，都不去打扰他。他先在手册上起稿，然后用中国笔墨作细书，写在一柄执扇上，原文是孟加拉文，又自己译成英文，落了我的款，签上他的名，并兴致勃勃地用孟加拉国语朗诵了他的新作，我们虽不懂印度话，但从他甜软的声音，鲜明的节奏里，就有月下清梵，泉鸣花底的美感，我向泰翁手里郑重地接过扇子，向他深深地道了谢。

夜间，我们到车站送行，彼此都有依依惜别之情，我问泰翁这次到北京的感想，并盼他再来。他说："两三年后我还要再来，我爱北京的淳朴的风俗，爱北京的建筑文物，爱北京的朋友，特别使我留恋的是北京的树木，我到过伦敦、巴黎、华盛顿，都没有看到这么多的栝、柏、松、柳。中国人有北京这样一个历史悠久而美丽的都城，是值得骄傲的。"在汽笛长鸣，飙轮转动的前几分钟，竺诗人紧紧握着我的手说："我希望你带了剧团到印度来，使印度观众能够有机会欣赏你的优美艺术。"我答："我一定要到印度来，一则拜访泰翁，二是把我的薄艺献给印度观众，三来游历。"

1929年春，泰翁曾重游中国，到了上海，诗人回国时，宋庆龄先生主持了隆重的送别仪式，并赠送他一批中国的土产礼物，其中有一套手工精制的泥质彩绘脸谱，最为泰翁欣赏。而我于1935年访问苏联后，漫游欧洲，考察戏剧，归舟路过孟买，登陆小憩半日，但始终未能践泰翁之约。直到新中国成立后，中印两国文化交流才大有发展，印度文化艺术团体曾不止一次地访问中国，1954年冬，中国文化代表团访问了印度。在新德里、加尔各答、孟买、马德拉司四个大城，演出了京剧，受到印度广大人民的热烈欢迎。李少春同志回国后告诉我，他们在孟加拉邦寂乡（Santinike tan）访问了泰戈尔先生的故居，我缅怀诗人风采，为之神往。

《忆泰戈尔》

与卓别林的交往

梅兰芳

我从旧金山到洛杉矶的当晚，剧场经理请我到一个夜总会，那里是电影界和文艺人士聚会之所。我们刚坐下，一位穿着深色服装，身材不胖不瘦、修短合度、神采奕奕的壮年人走了过来，我看看似曾相识，正在追忆中，经理站起来介绍道："这就是卓别林先生。"又对他说："这位是梅兰芳先生。"我和卓别林紧紧拉着手，他头一句说："我早就听到您的名字，今日可称幸会。啊！想不到您这么年轻。"我说："十几年前我就在银幕上看见您，你的手杖、礼帽、大皮鞋、小胡子真有意思，刚才看见您，我简直认不出来，因为您的翩翩风度，和银幕上幽默滑稽的样子，判若两人了。"我们喝着酒，谈得很投机。他还告诉我，他早年也是舞台演员，后来才投身电影界的。

那晚，我们照了两张照片，一张是我和卓别林合影，另一张是六个人合照的，我至今还保存着呢。

我们在好莱坞参观了大大小小的电影公司十几家，主持人都竭诚招待，详细介绍情况，热情是可感的。

好莱坞电影界还为我们举行了欢迎会。我们在银幕上看到过的明星，在这里都见了面，有些立刻就能想起他（她）们的名姓，有的只觉得面善而叫不出名字。那天卓别林来得比较晚，可是他一到场，立刻就引起全场的注意，大家都齐声说："卓别林来了！"可以想见他在好莱坞的声望。

1936年2月9日，卓别林东游路过上海，上海文艺界在国际饭店设宴欢迎他。我们一见面，他就用双手按着我的两肩说："你看！现在我的头发大半都已白了，而您呢，却还找不出一根白头发，这不是太不公道了吗？"他说这话时虽然面带笑容，但从他感慨的神情中，可以想到他近年的境遇并不十分顺利。我紧紧握住他的手说："您比我辛苦，每部影片都是自编、自导、自演、自己亲手制作，太费脑筋了，我希望您保重身体。"接着，卓别林介绍了宝莲·高黛（Paulette Goddard）女士和她的母亲与我见面。高黛女士是卓别林的影片《摩登时代》的女主角。

晚饭后，我陪着卓别林和高黛女士母女同到"大世界"隔壁的共舞台去看当时上海流行的连台戏，在他们坐的花楼前面，摆着有"欢迎卓别林"字样的花篮，看来卓别林对于武行开打十二股档的套子以及各种跟头都感到兴趣。不一会儿，我们离开了共舞台，又一同到宁波路新光大戏院去看马连良演出的《法门寺》，入场时正赶上"行路"一场，台下寂静无声，观众聚精会神地静听马连良唱的大段西皮："郿鄔县在马上心神不定……"卓别林悄悄地坐下来，细听唱腔和胡琴的过门，他还用手在膝上轻轻试打节拍，津津有味地说："中西音乐歌唱，虽然各有风格，但我始终相信，把各种情绪表现出来的那种力量却是一样的。"剧终后，卓别林与高黛女士都到台上同马连良见面，卓别林和马连良还合拍了照片留念。那天，马连良扮的是知县赵廉，戴纱帽，穿蓝官衣是明代服装，卓别林穿的是欧洲的便服。我不禁想起1930年在好莱坞和玛丽·璧克福合照的相片。那时，她穿的是西方的古装，我穿的是袍子马褂。这前后两次的两个时代、两个民族的友谊和文化的交流，是很有意思的。

第二天一早，卓别林乘原轮继续东游。他这次路过上海，虽然只有一天耽搁，但却参加了好几个欢迎会，见到许多文艺界的人士，并且看了京戏，他可谓善于利用时间，同时也可以看出他对东方文化是极感兴趣的。

1941年的春天，卓别林自己制作、自己主演的反法西斯巨片《大独裁者》（The Great Dictator）将到香港上演，皇后、娱乐、利舞台三家影院都想争取这张片子的首映权。利舞台的经理来找我想办法，我因为三年前梅剧团曾在利舞台演出过，相处还不错，所以答应打个电报给卓别林试试看。电文大意是：“《大独裁者》将到香港，此地利舞台希望首先上映这部巨作。我不久前曾在该院演出过，并以奉告。”很快便接到他的复电，说他已电告他的影片代理人照办。过了几天，利舞台的经理果然很高兴地跑来告诉我，明天上映《大独裁者》，并请我们一家人去看这张片子。

《我的电影生活》

梅兰芳大师大事记

1894年10月22日出生在北京前门外李铁拐斜街一座梨园世家的旧居。

1897年父亲梅竹芬病故。

1899年开始在北京百顺胡同附近一家私塾读书。

1901年师从朱小霞学戏。

1902年正式拜吴菱仙为师，学习青衣戏，先后共学三十余出戏。

1904年8月17日，在北京“广和楼”戏馆第一次登台，演《长生殿·鹊桥密誓》中的织女。

1907年从百顺胡同移居卢草园，正式搭班“喜连成”演出。

1908年8月14日母亲杨长玉病逝后全家移居鞭子巷头条。

1910年与武生王毓楼的妹妹王明华结婚，并开始了养鸽子的业余爱好。

1911年第一次在北京“文明茶园”演出新腔《玉堂春》并大获成功，这一年长子大永出生。

1912年第一次与谭鑫培同台演出，演出得剧目是《桑园寄子》。

1913年10月31日首次赴上海演出，11月16日第一次贴演扎靠戏《穆柯寨》。从这年，开始研究新腔并学习昆曲，全家移居北京鞭子巷三条，长女五十出生。

1914年1月，在庆丰堂与王蕙芳同拜陈德霖为师。此年，又先后从师乔蕙兰、李寿山、陈嘉梁学习昆曲，又跟路三宝、王瑶卿学戏。7月至10月，在“翊文社”最初尝试创编了时装新戏《孽海波澜》。

1915年4月10日在北京吉祥园上演创编时装新戏《宦海潮》，4月16日在北京吉祥园上演创编时装新戏《邓霞姑》，10月31日在北京吉祥园首演创编古装新戏《嫦娥奔月》。本年，梅兰芳开始学习绘画，绘画老师画家王萝白。长子大永早夭。

1916年1月14日在北京吉祥园上演新戏《黛玉葬花》。4月19日至21日在北京吉祥园上演创编时装新戏《一缕麻》。这年冬天参加“桐馨社”，与杨小楼首次合作《春秋配》。长女五十早夭。

1917年创编了神话歌舞剧《天女散花》，并创排《木兰从军》。

1918年演出《游园惊梦》，同年创编演出了《麻姑献寿》《红线盗盒》《童女斩蛇》。

1919年4月21日—5月27日携同“喜群社”访问日本进行演出，同年程砚秋拜在梅兰芳门下执弟子礼。12月应实业家张謇邀请，第一次到江苏南通演出。

1920年创排《上元夫人》，第一次拍摄无声电影《春香闹学》《天女散花》，同年与齐白石相识，并向其学画。

1921年年初与杨小楼合作组织“崇林社”剧团，创排《霸王别姬》。年末，与福芝芳结婚。

1922年2月15日在北京第一舞台首演创编的新戏《霸王别姬》。10月15日—11月22日率“承华社”剧团赴港演出。

1923年首创在京剧伴奏乐器中增加二胡。11月在北京开明戏院上演创编新戏《洛神》，在北京真光剧场上演创编新戏《廉锦枫》。

1924年5月在北京寓所接待印度作家泰戈尔。10月9日—11月22日第二次应邀访问日本。同年拍摄无声电影《虹霓关》《廉锦枫》片段，祖母病故。

1925年创编新戏头本、二本《太真外传》，与美国舞蹈家肖恩夫妇在北京同台献艺。

1926年1月长子葆琛出生，同年创编新《太真外传》，在北京东城无量大人胡同住宅接待来访问的瑞典王储夫妇。

1927年创排新戏《俊袭人》，同年被评为京剧“四大名旦”之首。

1928年1月次子葆珍（又名绍武）出生。4月6日在北京中和戏院首演创编新戏《凤还巢》，夏季，在北京编演了新戏全本《宇宙锋》。同年第二次赴香港演出。

1930年1月18日—7月率“承华社”经日本横滨、加拿大维多利亚赴美国演出，先后在西雅图、芝加哥、华盛顿、纽约、旧金山、洛杉矶、圣地亚哥、檀香山等地演出72天，在美期间被美国波摩拿学院、南加利福尼亚大学分别授予文学荣誉博士学位。同年9月女儿葆玥出生。

1931年5月与余叔岩、齐如山、张伯驹等人创办“国剧学会”。同年第三次率团赴香港演出。

1932年梅兰芳从北京迁居上海，先后排演《抗金兵》《生死恨》。

1933年在上海天蟾舞台上演了创编新戏《抗金兵》。

1934年3月小儿子葆玖出生。

1935年2月21日—4月21日率剧团赴苏联演出访问，先后与高尔基、斯坦尼斯拉夫斯基、梅耶荷德、爱森斯坦、布莱希特等文艺界知名人士会面。4—8月赴波兰、德国、法国、比利时、意大利、英国等国进行戏剧考察，后经埃及、印度回国。

1936年2月26日在上海天蟾舞台上演了创编新戏《生死恨》，同年收李世芳为徒。

1938年年初，携家眷和剧团演职员再次赴香港演出，后留居香港，闲居干德道8号寓所，暂别舞台。

1941年蓄须明志，息影舞台。

1942年夏，由香港返回上海，闭门谢客，专心习画。

1945年10月重新登台，在上海美琪大戏院与俞振飞合作演出了昆曲《断桥》《游园惊梦》等剧目。

1948年6—11月在上海联华三厂拍摄由费穆导演的彩色片《生死恨》。

1949年7月参加中华全国第一次文学艺术工作者代表大会，9月30日当选全国政协常务委员，10月1日，参加中华人民共和国和中央人民政府成立典礼活动。

1950年赴天津演出，发表了著名的“移步不换形”的京剧改革理论。

1951年4月被任命为中国戏曲研究院院长，7月全家从上海迁回北京，定居护国寺街1号。

1952年率团赴朝鲜战场慰问志愿军。12月出席在奥地利首都维也纳举行的世界人民和平大会。同年，与苏联著名舞蹈大师乌兰诺娃在北京会面。

1953年10月当选为中国戏剧家协会副主席。

1954年9月当选为中华人民共和国第一届全国人大代表。同年中国剧协出版《梅兰芳演出剧本选集》。

1955年1月被任命为中国京剧院院长。4月文化部、中国文联、中国戏剧家协会联合为梅兰芳、周信芳举办了舞台生活50年纪念活动。同年拍摄《梅兰芳舞台艺术》戏曲片。

1956年3月返故乡江苏泰州祭扫祖墓。5月26日—7月16日应日本朝日新闻社等团体邀请第三次访问日本，梅兰芳任团长。同年9月被选为全国先进工作者，到中南海怀仁堂演出，被毛泽东接见。

1957年6月7日，国际舞蹈协会主席海尔格来到北京授予梅兰芳荣誉奖章。

1958年全国各地巡回演出，并赴福建前线慰问子弟兵。

1959年5月25日在北京人民剧场上演创编新戏《穆桂英挂帅》，同年加入中国共产党，被周恩来邀请赴中南海做客并座谈。

1960年1月21日《游园惊梦》彩色电影片拍摄完成，2月第四次赴苏，庆祝中苏友好同盟互助，4月15日北京市人民委员会任命梅兰芳为梅剧团团长。

1961年5月31日在中国科学院为科学家们演出《穆桂英挂帅》，这是梅兰芳在舞台生涯中的最后一次演出。7月9日，被任命为中国戏曲学院院长。8月8日凌晨5时在北京病逝，年仅67岁。

图书在版编目（CIP）数据

似与不似之间：回忆梅兰芳/齐如山等著．—北京：中国文史出版社，2018.7

（百年中国记忆·文化大家）

ISBN 978-7-5205-0403-4

Ⅰ.①似… Ⅱ.①齐… Ⅲ.①梅兰芳（1894—1961）—回忆录 Ⅳ.①K825.78

中国版本图书馆CIP数据核字（2018）第149938号

责任编辑：李军政

出版发行：**中国文史出版社**

社　　址：北京市西城区太平桥大街23号　　邮编：100811

电　　话：010-66173572　66168268　66192736（发行部）

传　　真：010-66192703

印　　装：北京新华印刷有限公司

经　　销：全国新华书店

开　　本：787×1092　1/16

印　　张：14.5　　字数：178千字

版　　次：2018年7月北京第1版

印　　次：2018年7月第1次印刷

定　　价：48.00元